やれば出来る……かも知れない

矢野武久
Yano Takehisa

文芸社

本書は二〇〇四年に出版した『河童になったビジネスマン、営業へ行く』に加筆・修正したものです。

まえがき

「ピンポーン」「ハ〜イ」

「○○です……」と若者。

「小父さん、それはいらないけど、話を聞こうか。今日一日で何軒営業に回ったか、上司に報告するんだろ?」

「ありがとうございます」

B君、パンフレット片手に一生懸命。

「一寸それ貸して。こうするといいと思うよ」

真剣な目。

「小父さん、営業をされていたのですか?」

＊

夕方の薄暗い中、若者がわが家の前のお宅の花壇の縁に腰掛けている。

「何してるの？」

「友達に会いに来たけど、まだ仕事から帰ってきてないので……」

「君は仕事、もう終わったの？」

「ぼくは、自分に合った仕事を探してるんです」

「ふ〜ん、自分に合った仕事ねぇ。だけど世界中探しても、自分にピッタリの仕事なんかないよ。仕事の方へ自分で歩いていくんだよ。やがて仕事も近づいてくる。それが〝自分に合った仕事〟になるんだなぁ」

「…………」

「初対面の君にお説教する気はないけど、気を悪くした？　ゴメンね」

「いえ、ありがとうございます。今まで親や先生から、そんな話は聞いたことがありません」

＊

帰省の新幹線隣席の若者というには一寸無理、四十代半ばのサラリーマンと雑談。

「総務から営業へ転勤、異業種へ配置換えですか」

「営業などしたことないのに……」

「出来ないと悩むより出来るかも知れないと思った方が楽しいよ。大変だと思いますが、そのうち『俺は営業に向いてるのかな』と思うようになりますよ。案ずるより産むが易し、と言うでしょう」

＊

若い人と話すチャンスはあまりないが、人生の先輩として……上から目線という気はサラサラなく、小父さんの雑談に過ぎないような話を、真剣に聞き、受け止めてくれている様子。皆さんに元気をいただいている。

二〇〇四年出版の拙著『河童になったビジネスマン、営業へ行く』では、「フリーダイヤル０１２０」など古いけれど、本質は今も昔も変わらない、一部修正追記し、タイトルも刷新して再刊しよう。まだ若い人たちのお役に立てる……かも。

○○に
妙手《みょうしゅ》は無きや
△△の声

○○、
△△に貴方《あなた》の言葉を入れて下さい。

やれば出来る……かも知れない　目次

第六章　人は生まれ、そうして死ぬ

第七章　自分に出来ることを続ける　104

第一章　青天《せいてん》の霹靂《へきれき》

(1) それは大変だ

ある日、総務一筋のサムちゃんから電話……。突然、異業種の営業をすることになった。ひと通り営業の基礎は教えてもらったけれど、何をしていいやら、どこへ行けばいいやら、お客さまの所でどう話せばいいのか……と。

サムちゃん、今日は電話をありがとう。久しぶりの方言、懐かしかったよ。お母さんもお元気とのこと。

いや、それにしても驚いた。青天の霹靂とはこのこと。リストラ、出向が当たり前の世の中、小父さんも出向したけれど、サムちゃんの所は小父さんから見ると官庁のような大会社だ。小父さんの会社でさえ、総務一筋の人をいきなり営業の第一線へ立たせるなんてしないよ。結構なことをやってくれるじゃないか。サムちゃんはこれまで、総務で独身寮の管理や、工場の整理美化など、いわゆる総務厚生関係。会社で必要な工場の備品や食堂の設備などを買ったことはあるけれど、売るのはしたことがないだろうから、今度は〝売ってみよ〟という訳だ。

知らない人の中で経験したことのない仕事を前にした時の心構えなどは、また別の機会に詳しく書くけれど、一寸だけ書こうか。

どういう事情であれ、給料をもらい、身分を保証されて、経験したことのないことをさせていただける訳だから、こんな良いことはないと思うよ。全く未経験のことをして、その上、身分や給料を保証してくれるなんて機会は、望んでもなかなか得られない。

経験したことばかりを定年まで繰り返し、「何でも俺に聞け」とベテランぶっても面白くも何ともないじゃないか。それは楽だとは思うけれど、人生、楽だけではつまらない。

「営業なんかやったことない、今までの経験がまるで使えないよ。これじゃあ陸《おか》に上がった河童《かっぱ》だ」と言いたくなるサムちゃんの気持ちはよくわかるけれど、陸へ上がったら息が出来ない訳ではなし、頭の皿が乾いたら自分で水を差せばいいのさ。

戸惑い不安に思うより、「俺はピカピカの一年生！」と胸を張っていればいいのさ。サムちゃんの歳でピカピカになろうと願っても、普通は簡単にはなれないぞ。

電話の話では、販売促進部ということだけれど、「機械の契約を取ってくるのが仕事なのに、契約が取れない」と悩んでいたから、販売促進というより、販売そのもの、営業の第一線に立った訳だ。

経験のないことだから、大変だとは思うけれど、心配することはない。上司も周りの人も、サムちゃんが営業は初めてだと、それとなく知っているんだろ？　数ヵ月くらい契約が取れなくても、本心から「駄目だなあ」と言う人はいないよ。さすがに半年も待ってくれるほどのんびりしているとは思えないが、逆にサムちゃんがすぐに契約を取ってきたら、営業一筋の人の立場がないじゃないか。新入りが先輩を差し置いて、そんな申し訳ないことをしてはいけないのだ。

新入りは先輩に、「おはようございます」と、挨拶をきちんとすることから始めよう。そして、わからないことは、知ったかぶりをせず素直に訊く、というスタンスを大切にしよう。

先輩と言っても、サムちゃんより年上とは限らない。若くても営業に関しては先輩だ。若い人に挨拶することは、契約を取ってくるよりは簡単だ。やさしいこと、自分に出来ることから始めよう。

さて、電話で「営業の心得を書こうか?」と冗談を言ったけれど、小父さんは知っての通り工学部機械科を卒業して、大型機械メーカーへ入社、以後一貫して設計畑を歩いてきた。だから〝営業の心得〟を書くのに適任とは言えないが、設計者としてエンジニアリング会社へ出向した時、「俺の専門は設計」と殻に閉じこもっていては駄目だと、すぐに実感した。そして、注文をいただいたり、商売を取ってきたりということは出来なくても、せめて商売につながるかも知れない話の糸口を営業部門に渡すことは出来ないか、と考えた。

とはいうものの、営業経験は全くない。そこで、大型機械の設計者として、営業マンと一緒に機械の説明やクレームの話でお客さまの所へ伺った時のことや、その営業マンが道々話してくれた経験談などを思い出して、営業は出来なくても、商売につながるかも知れない話を、お客さまにすることにした。最初からうまくいった訳じゃないが、やがて〝自分で商売を取ってくる〟経験をした。

もっとも小父さんの場合、正確には「技術営業」と言うべきかも知れない。所属は技術だから、営業ではない。したがってノルマもないし。商売を取ってくる義務もなかった。だからサムちゃんの参考になるかどうかわからないけれど、この時、経験したこと、思ったことなどを、思い出すまま書いてみよう。営業の心得、手引きなどと題するにはおこがましい、というよりそんなものは書ける訳がない。経験したことのないことをした、というところだけでも、サムちゃんが読んでくれたら幸いなり。

小父さんが出向した会社は、独自の商品を持っていないエンジニアリング会社。家電の日立、建設機械のコマツ、通信電話のNTTのような代表的な独自商品を持ってない会社だ。つまり、

- お店に家電・電化製品を並べ、お客さまへ売る
- 新機種のカタログを持って、機械の説明に伺う
- 「ダイヤル0120は便利でお得ですよ、契約しませんか」などと勧める

ということが出来ない。

では、小父さんのエンジニアリング会社は何を売っていたか。エンジニアリングというソフトを使って、設備や機械を設計製作販売していた。

「こんなことの出来る機械が自分の会社にあれば、仕事が効率よく出来るのだが……」

そう思っているお客さまの所へお邪魔して話を伺い、知恵を絞って考え、

「こういう具合でどうでしょう？　よろしければ、私どもがお役に立てると思いますが」

とお客さまへ提案する。既製服ではなく、お客さまの身体に合わせた背広をオーダーメイドで作るようなものだ。こういうのを「提案営業」とか「受注生産」と言うのは、サムちゃんも知っているだろう。

知識と知恵、技術と技能を売っているから、エンジニアリング会社だ。それぞれのお客さまのご注文に合わせて作るから、独自の商品がない。わが社の売っている商品は、技術というソフトだ。ということは、目に見える商品カタログのような販売促進の道具がない。そして、小父さんには大型機械を設計した経験しかない。〝ないない尽くし〟の状態で、仕事を取ってくるなどという身のほど知らずなことに挑戦した。

この厳しい時代に仕事を取ってくるなど、素人に出来る訳がない。そんなことは他人に言われるまでもなく自分が一番よくわかっているけれど、スイスイ泳いでいた設計の水が恋しい河童さんのままでは駄目だ。出来るか出来ないか、やってみよう。やっているうちに知恵も出てくるというものだ。

ん？　本当に出てくるかな……。

（2）まず、したこと

その日から、小父さんの働く会社が、過去に何を受注し、何をエンジニアリングし、どんな機械・設備を設計製作して販売したか。そして、それらの機械を具体的には誰が設計し、どうやって作ったか。次に、誰がどんな設計が出来るのか……一口に設計と言っても、機械設計と電気専門の設計とでは違うし、製作も、自分の会社で作る物、専門メーカーに頼む物など、いろいろある。このようなことを調べ、勉強しているうちに、だんだんと、わが社で出来ることは何かが少しずつわかってきた。わが社の得意とするエンジニアリングは、手に取って見ることの出来ないソフトだから、形がない。言うなれば、商品知識を勉強した訳だな。

調べるとか、勉強すると言っても大したことはない。周りの人たちがしゃべっていることをメモしておいたり、ロッカーにある資料を見たり、二、三ヵ月もすれば皆さんとも慣れてくるから話を聞いたりしているうちに、何となく自然にわかってくるよ。それらを適当に頭に入れる。間違ったってどうということはない。何せ新入りだぁ。

（3）次にカタログもどきを作った

ソフトだから形がないというのでは、お客さまにわかっていただけないから、そのソフトを使って、わが社が作った製品のカタログを作った。これまでにカタログなんか作ったことはなかったけれど、作るに際して、次のように考えた。

一、手に取っていただくこと
二、そのためには、見てキレイな印象にすること
三、全体にバランス良く配置し、明るい色にすること
四、「読んでわかる」では駄目。「見てわかる」ようにすること
五、紙質も考えること

手触りが悪くては手に取ってもらえない。手にしてもらわないと見てもらえない、見てもらえないと内容は伝わらない。詳しい内容は、会っていただいた時に説明をすればいいと考えた。つまり「名刺代わり程度」のカタログでいいとした。

カタログを作ることに決めたら、これまでは通勤電車で何となく見ていた中吊り広

告や街の看板などをちゃんと見るようになった。色合いはどうか、全体のバランス・配置はどうか。なるほど、何も書いてないスペースもよく考えられていて、あえてその部分を空けているようだ。

新聞も同じこと。記事をじっくり読まなくても、パッと見ただけで大まかな内容がわかるように、それぞれ見出しがついている。

サムちゃん、デパートのお化粧品売場へ行ったことがあるか？　うちのお母さんが口紅を買うので、そばで待っていた時のこと。口紅の色があんなにたくさんあるとは。アイシャドウもいろんな色がある。カタログを作るのに、ただ漠然と「明るい色にしなければ」と思っていたけれど、女性はあんなにたくさんの色からどうやって選ぶんだろう？　「貴女の口紅は、どうやって選んだの？」と聞きたいけれど、変なオジさんと張り倒されたらかなわない。

ともあれ、名刺代わりのカタログを生まれて初めて作った。

カタログの内容は、その製品を作った時に設計者が自分の記録用に撮影した写真や、お客さまへ渡した取扱説明書などを繰り返し見てキャッチコピーを考え、自分の気に入るような案を作り、若い女子社員に相談した。

女子社員が素直に手にしてくれたら合格で、「何だかごちゃごちゃして、よくわからない」と言ったら考え直す、という具合。間違ってもオジさんたちに相談しては駄目だ。なぜなら、「これじゃあわからない」とか「技術的にもう少し詳しく」とか「このグラフを使うと説明しやすい」などと案を持ち出してきたりする。真剣に意見を言ってくれると、無視するのは申し訳なくなるのが人情だから……困っちゃうものねえ。

それに、オジさんたちには「見て美しいかどうか」という感性がない、と言い切るのは失礼かな。「若い頃は感性豊かだったが、今やないに等しい」と言い換えよう。

その点、若い女子社員は、遠い将来は知らないが今は感性豊かで、思ったことをストレートに言ってくれる。

そして何より、オジさんに相談するより、女子社員の方が話していて楽しいではないか。時にはコーヒーも入れてくれるし。

（4）お客さまの所へ行く

さあ、名刺代わりのカタログは出来た。これを持ってお客さまの所へ行こう、と思ったけれど、どこへ行けばいいのか。そこでわが社のグループ会社へ行くことにした。グループ内の会社とはいえ、全く行ったことはないし、会う人は当然初対面。ただし、会社の所在地も業務内容も調べればすぐにわかる。多分これらの会社の営業マンは、お客さまがどんなことに困っていて、どんな機械や設備を必要としているか、一つや二つ聞いているに違いない。もしかしたら今日現在、お客さまに、こういうことが出来ないかと具体的な相談を受けている営業マンに出会えるかも知れない。これを聞き出して、「私に任せなさい」という作戦。本心は、初対面とはいえグループ内の人なら少しは気が楽、というものだ。

さて、素人営業マンの客先訪問の始まり、始まり。ただし、最初からうまく行く訳がない。会って、出来立てのカタログを手にしていただいたら、成功としよう。小父さんの話を聞いてくれたら、大成功と考えよう。

やがて、次のようなことが大事だと思うようになった。

(5) 一度行ったら二度行け、二度行ったら三度行け

グループ内の会社とはいっても、会うというのはなかなか大変だ。とにかく顔を覚えていただいて、いつでも会ってもらえるようにならないと始まらない。説明なんかは、それからの話だ。

小父さんの作ったカタログは、まさに名刺代わり。話をする口実みたいな物だ。名刺代わりは次回には使えない。次に会う時には何を話そうか。とにかくまた訪問しないと駄目なことは確かだ。二度目はどういう口実で行くか。それは自分で考える。

例えば、

一、手帳をわざと忘れる

二、近くへ来たので寄ってみた

三　今度こんな機械を作ったんですよ

四、質問されたことに即答せず、「一寸検討させて下さい」と答える

そして、会った一週間〜十日後にはお礼状を出す。「お忙しいにもかかわらず、貴重なお話を伺い……」など。お礼状はすぐ出すのが礼儀だけれど、このお礼状の目的は、相手の人がサムちゃんに会ったことを思い出していただくためだから、すぐではなく、一寸時間を置いてから出す。なぜ時間を置くのか？

普通は、誰でも前日に会った人は覚えているけれど、一週間ほど過ぎると忘れ始める。サムちゃんに会った記憶を新たにしてもらいたい。記憶を新たにしていただくには、会社の便箋にサムちゃんの名刺を貼るというような工夫をするといいと思う（一二九ページ参照）。名刺は、会った時に相手が一度手にして見た物だ。お礼状を読まなくても、見ただけで思い出してくれる……かも知れない。お礼状を出しても忘れられるかも知れないが、出さなければ、確実に忘れられる。

言うまでもないことだけど、こういうことを抜きにしても、お礼状を出すのはエチケット、それも初歩的な礼儀。

さらに、一ヵ月後でも、三ヵ月後でも、会っていただいた人——会った人ではない

よ――に、お役に立つこと、お役に立つかも知れないこと、お役に立たないことでも、何か相手の方に関連のある新聞や雑誌の記事を、一寸した文を添えて送る。

Eメールや手紙ではなく、手書きのFAXがいいな。というのは、手紙もEメールも本人しか見ないだろ？　つまり秘匿《ひとく》性、そこが良いところ。一方、FAXはオープンだから、誰の目にも触れる。FAXなら、お茶を入れてくれた人が、サムちゃんから来たFAXをその人のデスクへ持っていってくれるかも知れない。「おや、先日の人だ」と思ってくれるかも知れないだろ？

たとえば熊本県出身の人だったら、サムちゃんが週刊誌で阿蘇山の写真を見たら、週刊誌で見たとFAXする。こういう仕事に関係のないことでもいい。お礼状の目的は、さっきも言ったように、サムちゃんのことを忘れた頃に、記憶を呼び戻していただくことだから。

以上を要約すると、「俺を忘れるな」と言っている。言い換えると、自分を売り込んでいる。

商品を全く売り込んでないだろ、自分を売り込んでどうするの？

信用をしていただくため！

信用していただくには、まず自分を知ってもらう。自分を知ってもらうには、相手を知る努力をすることだ。

(6) 相手を知る努力とは

相手を知る！　どうやって知るか。

お邪魔する前に、訪問する会社を調べる。東洋経済新報社の『会社四季報』、それに一寸した図書館に行けば各社の年鑑や、その地方の企業年鑑が置いてある。市役所などで聞くことも出来るし、資本金や従業員数、設立時期などを知ることが出来る。

自分の出来る範囲で調べておくと、少なくとも話題に困ることはないという具体的なメリットの他に、不思議に敷居を低く感じるものだ。多分、「俺は出来るだけのことはした」という実績に裏づけられた自信が湧くからではないかと思う。

そうして訪問したら、

・訪問先の玄関はキレイかどうか
・受付の女性は礼儀正しく親切・丁寧か
幸運にも応接室に座らせていただくことが出来た場合は、
・壁の色はどうか
・どんな絵が飾ってあるか
やがて応接室に相手が入ってきたら、
・背は高いか低いか、痩せているか、太っているか
・眼鏡をかけているか、背広の色は？　ネクタイは？
など、「見て知る」からスタートする。見るということだけに限っても、その気になればたくさんある。これがどうして相手を知ることにつながるのか、受付の女性など関係ないのでは？　と思うようでは駄目だ。

つまり、人を知るということは、その人だけではなく、その人を取り巻く環境を理解しようとする努力が必要、こういうことが大事。

次に「聞く」、そうして「話す」。

聞く、といっても、初対面のサムちゃんに相手が話してくれる訳がない。では、どうするか。こちらから話をする。ただし、何でも話せばいいという訳ではない。相手に話していただく、口を開いていただくために、話のネタを提供する。

「これは従業員の方が描いたものですか？」

「受付の方は感じの良い方ですね、とても親切にしていただきました」

普通の人は、サムちゃんのこういう話に返事をしてくれる、すなわち口を開いて口の筋肉を動かしてくれる。

座って、あるいは名刺を交換すると、誰でも身構える。身構えると口の筋肉も動きにくくなるから、最初の一言は座る前、名刺を交換する前に話しかけるといいんじゃないかな。

相手の様子、雰囲気をよく考えて話題を提供する。相手に口を動かしてもらえるような話題。自分の出身地、相撲、野球、天気、子供のこと、最近のベストセラー、競馬、新聞記事など。もしも出身地が同じだったら、「あれっ、私も……」と口を開いてくれるかも知れない。そうして相手が口を動かしている間に、話を聞きながら、次は何を話題にすればいいかを考える。

「押さば押せ、引かば引け」という剣の極意があるだろ。これと同じだけれど、極意を極めている訳ではないから、サムちゃん流でやればいい。相手の話を聞きながら、次は何を話そうかと考えて、頭を休める暇はない。頭を休めたら相手は黙ってしまうよ。

「そんなに話題を提供出来ないよ」と思う？　そんなことはない。子供のこと、出身地以外はほとんど新聞に書いてある。朝、新聞を見ておけば、記事全部を記憶することは出来ないが、見出しくらいは自然に覚えているものだよ。見出しだけなら、読むというより見るという感じだろ？　サムちゃんが思っているより簡単だよ。新聞をただ漫然と見ていては、新聞代を払っただけで捨てているようなもの。元は取らないとね。

　新聞の他にも、週刊誌や月刊誌、少年コミック誌、小説、友達との話とか、テレビも見る。その気になれば話題には事欠かないはずだ。

　見て、聞いて、話して、感じて、相手を知り、自分を知ってもらい、信用していただく。思い通りにはなかなか行かないけれど、「何をするにも、最初は思い通りに行かないのが当たり前だ」と思っていれば気が楽だ。

第二章　人は人を信じる

(1) 信用していただく

人は人を信じる。会社や肩書きを信用する訳ではない。なぜなら、人は人だから。私も人、君も人、ということだなあ。

信用を得るには、知らないことを正直に「知らない」と言えばいい。これは簡単なようだけれど結構難しい。なぜ難しいか？「なーんだ、この人何も知らないのか」と思われたくないからだ。では、どう考えれば「ぼく、知〜らない」と言いやすいか。

・何でも知っている人はいない。もしいたらそれは神様。俺は神様ではない

・新入社員の頃は何も知らなかったなあ。言わば今の俺は新入社員。知らなくて当たり前

一言で言うと、良い意味で開き直る。そうすると簡単に「知りません」と言えるよ。三ヵ月か半年ほどは「知りません」を許してもらおうよ。周りの人たちが許してくれなくても、自分で自分を許せばいい。もっとも、二年も三年も「許してね」では困るけれど。

相手からの信用を得るには、知らないことを、きちんと「知りません」と言うこと。知ったかぶりをすると、簡単に信用を失くす。サムちゃんの周りにも、知ったかぶりをする人が一人くらいいるだろ? 知ったかぶりの嘘は、一発で見破られるよ。

実力のない人、努力をしない人ほど、「知りません」と言わない。力のないことを自分がよく知っているから、他人に無知を知られたくない。一方、努力をする人、誠実な人は、世の中には自分の知らないことが山ほどあることをよく知っているから、自信を持って「知りません」と言う。

理屈はともかく、正直に「知りません」と言うと気が楽だ。いろいろと気を使うこ

とは多いのだから、こういうところで楽をしようよ。

(2) 知らないことは「知りません」と言うだけでいいか

「知りません」と言えばいいと言ったけれど、ただしそのままにしておいては駄目。あとで調べて、必ず回答をする。普通の人は、初対面のサムちゃんに質問した内容など忘れている。なぜなら、サムちゃんが会っていただいている人にとって、サムちゃんはどうでもいい人。訪ねてきたなら仕方ない、相手をしてやろうか、という程度の存在だ。

だから、サムちゃんにした質問など忘れているのが当たり前。それに対してきちんと回答をする訳だから、

「えっ、俺そんなこと話したっけ？　本当に検討してくれたの」と、サムちゃんに感謝してくれる上、「なんとまあ誠実な人だろう」と記憶してくれる……かも知れない。

「誠実な人だな」と記憶していただくことは、信用を築く第一歩。もっとも、聞かれ

たことにきちんと答えるのは礼儀であり、当たり前のことだから、肩に力を入れず、普通にやればいい。

では、調べてもなかなかわからない場合はどうするか。一週間以内に、「調べているけれどわからないので、もう少し時間を下さい」と連絡する。

中には、本当に必要だから質問をした人もおられる。まだ回答は出来なくても、一生懸命に調べて検討しているのに、「もう一寸待って下さいね」の一言を伝えないと、相手からは「なんだ、検討しますとは口先だけか」と思われかねない。一度ボタンを掛け損なうと、修復するのは大変だ。

時間をもらって調査検討したけれど、答が出なかった場合はどうするか。出来るだけ早く「わかりませんでした」と答える。こういう答はしにくいから、一日延ばしにしがちだけれど、一生懸命に頑張った結果わからなかった訳だから、胸を張って「わかりませんでした」と答えよう。真面目にやって出来なかったことは、大抵の場合は相手に伝わるから不思議だ。

販売・営業活動などを始めて、商品知識もまだやっと覚えたばかり、客先訪問はしたことがないというのは、逆に言うと、強力な販売促進の武器になり得るものを持っていることになる。「知りません」と言える武器は、ベテラン営業マンでは絶対持てないよ。

「知りません」と言うと、時には「なんだ、知らないのか。よくそれで売り込みに来たな」と言う人もいる。こういう相手とは、付き合わないこと。たとえ注文をくれても、途中で仕様の変更・追加はするし、二言目には「それは、お宅のサービスだろ」と支払いは悪いし。駆け出しのサムちゃんは、君子危うきに近寄らず、だ。

ん？　一寸待てよ、サムちゃん君子だったたっけ？

営業はしたことがない、商品知識はない、誰も教えてくれない、販売促進の道具がない……素人の駆け出しが、こんなことを愚痴っている暇はない。なければ自分用を用意すればいい。何を用意すればいいか、じっと座って考えている暇はないから、歩きながら考え、考えながら歩く。

(3) 自分の名前で呼ばれたい

「リコーさん、来たか」「NTTさん、今日は何ですか?」「コマツさんか」などと最初は会社名で呼ばれるけれど、「おう、サムちゃん、来たか」と自分の名前で呼ばれるように早くなりたい。

そのためには、一度行ったら二度行け、二度行ったら三度行く、そうしてお茶をご馳走になり、雑談をする。すぐには難しいけれど、雑談の中からサムちゃんの仕事につながるような話を聞けるかも知れない。自分の商売だけでなく、サムちゃんの得意分野で相手のお役に立つことがあるかも知れない。

ジッと座って竿をたれていれば魚は向こうから来る、という訳ではない。ボーッと聞いていては駄目だ。以上を要約すると――、

一度行ったら、二度、三度

用事がなくても、立ち寄って

さり気なく、それとなく雑談し

誕生日など、聞き出して
チョコレートをプレゼント
デートの約束、取り付けて
ここまで来れば、しめたもの
と、まあ、こんな感じかな。

（４）自分が信じること

相手は、サムちゃんの話など聞く耳を持たないのが当たり前と心得る。そこから始まる。「何か仕事はありませんか？」「これ買って下さいよ」こういうのは駄目。何しろ大事なお金が出ていく話だから簡単に、「なーるほど、ＯＫ」とは言ってくれない。相手にとって支出以上に得るものがあることを理解していただかないとね。

そんなことは、一度や二度お邪魔したくらいでは理解してもらえない。そして、百パーセント理解してもらえても、「なーるほど、ＯＫ」と言ってくれる訳ではない。

でも、理解されない限り、ＯＫは百パーセントもらえない。「なーるほど」と思っていただくには、まずサムちゃん自身が、「相手にとって損にならない。お客さまのお役に立つ！」と信じることだ。自分が信じてないことなど、相手が信じる訳がない。

（5）事例 ――一寸自慢話

事例を書きたいけれど、自慢話になるから省略……とは言うものの、小父さんも人の子、自慢話をしてみたい。そこで一寸だけ。

ある日のこと、営業の先輩がある大手企業へ伺うというので、小父さんは技術屋として連れていってもらった。相手の本部長は、わが社の商品カタログを御覧になって質問をされる。商品についての質問には、技術屋の小父さんの出る幕はなく、技術的な話も先輩がお答えしていた。先輩は、営業一筋で技術のことはわからないと言うけれど、とんでもない。なるほど、優秀な営業マンは技術もわかる、ならば、技術一筋

の私も営業が出来るに違いない、などと思っていたところに突然、

「このプラズマは……」

と、本部長がわが社のプラズマを使った商品を見ながら、まさに技術的な質問をされた。「さあ、君の出番だよ、頼んだよ」と先輩の顔に書かれている。

えっ、プラズマ？　えーと、電子が超高温で電離して自由に動き回るプラスとマイナスのイオンが……えーと、何だっけなあ。機械技術一筋の小父さんに、プラズマの説明なんか出来る訳ないじゃないか。

「申し訳ございません、存じません」

「ご存じなければ結構ですよ。ところで、プラズマで古い鋳鉄《ちゅうてつ》を切ることが出来ますか？」

「鉄は切ることが出来ますが、古い鋳鉄ですか。大丈夫と思いますが、わかりません。当社にはプラズマの専門家もいますから、別途お答えをさせて下さい」

「申し訳ありませんが、のちほど――」

と取りなしてくれた先輩はありがたかったけれど、この役立たず！　と一喝されそ

うだ。しかし、一喝されてもわからないことはわからないと言うしかない。

結局、わかりません、知りません、申し訳ありません、で帰社したが、何とも悔しかった。あとでお答えすると言ったので、私の友人でもあるプラズマのプロ・市村正明さんに事情を説明し、懇切丁寧に教えてもらったが、それでもよく理解出来ない。

「一緒に行って、本部長に直接説明してよ」

と頼むと、「いいよ」と言ってくれた。おお、ありがたい。

後日、本部長をお訪ねし、プラズマについて説明を済ませてから伺った。

「古い鋳鉄をプラズマで切ることが出来るか、となぜ思われたのですか？」

これが訊きたかったのだ。なぜなら、このために知りません、わかりませんと、悔しい思いをすることになったからだ。

「古い水道管は鋳鉄で出来ているんです。直径一メートルとかいろいろあるんですが、これを新しい水道管と交換する際に、もし古い水道管をプラズマで切ることが出来たら、こういう機械が出来るのではないか、そうすれば工事・作業がずいぶん楽に出来るようになると思うんですよ。ま、夢みたいな話ですが」

なるほどなあ、面白い。そういう機械が本当に出来たら、古い水道管を掘り出す必要がなくなるから、水道管更新工事の際の交通規制時間も大幅に短縮されるし、古い水道管を砕いて運ぶことも、捨てることも必要なくなる。当然、工事費用も大幅にカット出来るに違いない。確かに夢のような話だ。

帰路、市村さんと昼食を取りながら早速検討をしてみた。プラズマで切ること以外は機械技術の分野。うん、出来るぞ！　これが結論。

お客さまの「夢みたいな話」からスタートし、具体的なアイデアから全体の構成、個々の機械の基礎的なテスト実施へと進み、そして試作し、実用試験を繰り返して、数年後に実用化された。

以上のことは、設計しかしたことのない小父さんが、あれこれ考え、試行錯誤しながら実行した体験だ。言うまでもなく、詳細設計をした銘苅《めいかり》春信さんをはじめ、製作、実用試験と、数え切れないたくさんの人の知恵や力の集結の結果だけれど、人は小父さんを、「お前は営業に向いている」と評した。

うーむ、一寸だけにしては長すぎた。自慢話は、書いてみると嫌味だな、許せ。

(6) 蛇足

「営業なんかしたことがない……」

——へえ、君が今までしていた仕事は、新入社員になる前からやっていたの？

「何で俺が今さら営業を……」

——貴方は偉いんですねえ、何様だと思ってるの？

サムちゃん、まさかこんなことを考えていないだろうな？　陸《おか》に上がった河童の心境というのは理解出来るけれど、ただ年を重ねたに過ぎない人は、「何で俺が今さら……」などと言いがちだよね。それは、「俺は頭が固くて、新しい仕事についていけない」と白状していることと同じだよ。

「ついていけない」と言うより、「何で俺が今さら」と言う方が、格好良く聞こえると思うかも知れないけれど、歳はいくつ重ねても、新しいことに対して「さあ来い、カモン・ベイビー！」と行きたいね。

神様じゃないんだから、時には逃げ出したくなってもいいじゃないか。ただし、本当に逃げなければ。「カモン・ベイビー、と言ったじゃないか」などと言う奴には言わせておけばいい。

したことのないことをさせてもらえるなんて、良いね。頭が固くなる暇がないから、大変だけれど面白いに違いない。真剣勝負のゲームみたいなものだから、楽しいとは言えないかも知れないが、面白いことは間違いないと思うよ。だってそうだろ、サムちゃん、必ず勝てるゲームで勝っても楽しくないし面白くもないだろ。

皆さんによろしく。今度、帰省したら、一緒に酒を飲みながら話そう。

第三章　人は人を愛する

先日の手紙に対し、早速お褒めのお言葉、恐縮至極。豚もおだてりゃ木に登る。小父さんは人間だから、豚より木登り上手。調子に乗るとすぐ底が見えることになるが、サムちゃんなら、底が割れようが、化けの皮が剥《は》がれようが、どうということはない。

さあ木に登ろう。

（1）人は誰を愛するか？

自分を愛してくれる人を愛する。

人に限らず犬も、自分を（ん？　犬も自分と言うのかな）愛してくれる人はわかる。犬好きな人には、尾を振りながら寄っていくだろ？　犬を嫌いな人、犬を怖がる人には吠えかかる。犬や猫でも、この通り。犬の散歩をしている人に出会ったら、「お散歩ですか」と、背を低くしながら近寄ると（犬を連れている人にではないよ、犬にだよ）、ほとんどの犬が「何だ？　俺に話しかけたのか？」と立ち止まり振り返る。吠えられるか、尾を振って寄ってくるか、サムちゃんの心次第だ。

まず、会った相手の人を愛すること。愛することなど出来ないなら、相手を好きになること。そう簡単に好きになれないなら、相手に関心を持つこと。

（2）では、誰を一番愛するか

それは自分、例外なく自分。小学生や中学生だった頃、クラスの集合写真を撮ったことがあるだろ？　写真が出来上がり、先生が生徒たちに配る。「サムちゃん」と呼ばれ、先生から写真を受け取る。受け取って、最初に誰を見た？

まず、憧れのクラスのアイドルちゃんを見て、次に自分を見た、じゃないだろ？ 真っ先に自分を見て、自分が格好良く写っているかどうか、「よし」と確かめてから彼女を見ただろ？ サムちゃんだけでなく、誰でも同じことをする。このことは、一番愛しているのは自分という証拠だと思う。

（3）人を愛する第一歩は

人と出会うことだ。会ったことのない人を愛するなどということはない。会い、そうして知る、感じる。〝感じる〟も知ると同じこと。知るは頭で知る、知識として知る。感じるは身体で知る、心で知ることではないかと思う。

もしもサムちゃんが女に生まれていれば、これまで出会った相手は、今とはずいぶん違っていたと思うよ。もしもサムちゃんが今の会社に就職していなければ、もしも出向してなければ、もしも営業でなかったら、もしも——数え上げれば切りがない。数え切れない〝もしも〟の上に、出会いは成り立っている。

愛することは簡単に出来ないから、こう考えてはどうだろう。この人は、いくつの〝もしも〟が重なって出会えたのだろう、と。仕事は抜きにしても、一寸貴重に思えてくる。

どこかで〝もしもの輪〟が切れていたら、生涯その人と出会うことはなかったはずだ。不思議な気がしないか？

(4) 関心を持っていることを伝えたい

世界で一番愛する自分をよくわかってくれる人、自分に好意を持ってくれる人、または自分に関心を持ってくれる人、それがサムちゃんということになれば、「やあ、いらっしゃい。今日は少し時間あるんでしょ、お茶でも飲んでけよ」となる。こうありたい。

では、相手に関心を持っていることを伝えるにはどうするか。難しいけれど、何もしなければ何も伝わらない。例を一つ、二つ、考えてみよう。

【その二】

サムちゃんも、いただいた名刺に、その人に会った日付をメモするだろ？　日付だけでなく、見たこと、聞いたこと、天候、話した場所——例えば事務所とか応接室の様子など——もメモしておく。これを次の訪問時の前に見て、予習をしてから会う。そして、それとなく話題に乗せる。

「この前、お会いしたのは十二月二十二日でしたね」

これは駄目。日付だけのメモだと、こうなってしまう。

「この前、お会いしたのは暮れでしたね、そうだクリスマスの前だった。寒かったですよね。あの時は茶色のジャンパーを着てらしたでしょう、今日はセーターですね。素敵じゃないですか」

こんな感じかな。メモをちゃんと書いておいて、それを見て予習してきているから、茶色のジャンパーと断言出来る。

【その二】

「先日近くへ来たので、お邪魔しようかと思ったのですが……」

　これは会った時の会話でもいいし、電話でもいい。貴方に関心を持っています、ということをわかっていただけるかも知れない。やってはいけないことだけれど、実際には行かないのに、このような電話をする。

　ただし、いい加減なことしか言えないようでは困る。一発で嘘がバレて、二度と会っていただけなくなる。こういう場合は、自分が絶対の自信を持って、相手が否定出来ない話し方をする。

「おや、そうですか。いつ見えたのですか？」

　こう言われた時に、

「先週だったかな、二週間前なぁ。えーと、確か小雨が降った日だったと思います」

　読んでわかる通り、相手が日を特定出来ない言い方になっているだろ？　そして絶対の自信は、その頃実際に小雨が降ったという事実。

　この特定しない言い方は、例えば「白いシャツ」と断言しないで、「白っぽいシャツ」とか「一寸空色がかった白だったかな」、こんな感じ。

一度行ったら二度行け、二度行ったら三度行けというけれど、時間がなければ、Eメールや手紙、FAX、電話も使えば、サムちゃんのことを覚えていただけるに違いない。

(5) なぜ覚えていただけるか

世界で一番大事な自分のことを、サムちゃんはそんな細かいことまで覚えていてくれたのか、と思う。

「この前の水玉模様のネクタイも良かったけど、今日のはなかなか渋いですね」

一ヵ月も前に会った人から、こう言われたら、サムちゃんも悪い気はしないだろ?

人は誰でも良いことは記憶に残るもの。その証拠に、競馬で勝った話はよく聞くけれど、負けた話はあまり聞かないよな。

いい人だと記憶してもらいたい、さらに役に立つ人だと覚えていただけたら、なお良い。貴方のお役に立ちたいな、という気持ちが基本だけれど、基本だけでは次へ進まない。とはいえ、自分の気持ちを相手に伝えるのはなかなか難しい。

初恋の相手にどう言えばいいか悩んだ昔が懐かしいだろ？　初恋なんかなかったと誤魔化しても駄目だ。俺は覚えているぞ。

「人から聞いた話ですが……」

「以前、何かの本で読んだことですが……お店は明るい方が良いそうですね」

もし、カンカン照りの日に電灯を点けていたら、

「電気代がもったいないから消してみましょうか」

「奥の方は残しておきましょう。お店に奥行がある感じに見えるかも知れませんから」

貴方のお役に立ちたいな、という気持ちからの提案。

今日は涼しいという夏の日、「おお寒い！」というほどエアコンが効いていたら、

「もう少し温度を上げて下さいよ。昨日と同じじゃ寒いですよ」

これも電灯と同じで、経費節減になる。

気をつけることは、自分の意見を直接言わないこと。さっきのように、人に聞いた話だけれど、何かで読んだことですが、などと前説を付ける。

相手は自分のやり方で長年やっているから、「電灯を消してみましょうか」などと言われたら、俺には俺のやり方がある、押しつけがましい奴だな、と思う人もいる。

前説を付けておけば、「いらぬことをするな」と言われたら、「そうですね、点けておいた方がいいですね、私もそう思います」と言えるし、間接的な方が印象を柔らかく出来る。お役に立ちたい気持ちを「うるせぇ」と言われたら、元も子もない。

(6) 話題を拾う道具は何か?

話題をどこで仕入れるか? 人の話、テレビ番組から、週刊誌や本もある。Aのお客さまで見たこと、聞いたこと、感じたことを、Bのお客さまに応用することも出来る。つまり、どこにでも転がっている。それを拾うだけのこと。

麻雀なども、遊びとは言え勝った方が面白い。転がっている物を拾うこともしないで勝とうなど、虫がよすぎる。取ってくるほどのこともない、拾うだけのことだ。落ちている物を拾わないのはもったいない。

拾うための道具は何か？　それは愛、相手を思う心。これはあの人の参考になるんじゃないか、これはどうかな、と思う気持ち。相手の役に立ちたい心。そうすると、落ちている物が「拾ってくれ」と、こっちを見て訴えているのが自然にわかる。

拾うための道具は、愛と工夫だ。愛と工夫があれば、販売促進の道具はいらない……とまでは言わないが、愛と工夫、そして足を使い、目を使い、耳を使い、頭を使い、ついでに口を使い、心を使えば鬼に金棒。

（7）他店で拾ったことをスーパーMへ

M店長さん、お肉売り場に「焼肉のタレ」など関連商品が置いてありますね。食パン売り場にバターやジャム、カット野菜売り場にドレッシングなどを置いたらどうでしょう？

お惣菜売り場の棚に缶ビールを並べておくと、「主人のビールのおつまみに、何か一つ買って帰ろうかしら」と奥様方が思うかも。お惣菜をおつまみとしてもアピール。

それから、これ、今買った「ほうれん草の白和え」一個と、「煮物詰め合わせ」一個のレシートです。「惣菜　一個　250円」。どれが売れ筋かわからないまま作る数を決めているのですか？　それだとロスが出るんじゃないかなぁ？

商品の場所、陳列の仕方などは、会社の規則・標準で決まっているでしょう。決めておけば管理しやすいし、手間も省けて効率的ですからね。もちろん、会社の規則・標準通りにするのが基本ですが、目の前に駅とビジネスホテルのあるスーパーMのこの店舗と、住宅地にある別店舗が同じでは実情に合いません。

規則・標準は先輩が作った会社の財産。守るだけでは、先輩の財産を食いつぶして後輩へ財産を残さないことになりませんか？　標準は守らなければなりませんが、破らなければ進歩しないと思います。改訂提案、必要なら新しく規則・標準を作って後輩に財産を残したい。

「ありがとうございます。また何か気がついたことがありましたら教えて下さい」

第四章　本を読む

(1) プロフェッショナルが書いた本を読む

足を使い、目を使い、耳を使い、頭を使い、ついでに口を使い、心を使い、愛と工夫があれば鬼に金棒か？　そんなはずはない。では、この他に何が必要か？

本を読む。つまり、プロフェッショナルの知識、知恵を学ぶ。「販売促進とは」「営業の第一歩」「マーケティング」こういう本がたくさん出ている。これらを読んでみる。

駆け出し営業マンにもすらすらわかる、という訳にはいかないことは覚悟の上だ。

最初は、わからない箇所はそのまま飛ばして先へ読み進む。二回目も同じ要領で読む。面白いことに、二回目は、一回目でわからなかった箇所のうち、一つや二つわかる箇所が出てくる。「読書百遍《ひゃっぺん》、意自《いおの》ずから通ず」と言うけれど、二回目でわかる箇所が出てくるのは、本を読んで何かが頭の中に残り、ふとしたことで無意識に気がつくのだろうと思う。だから、わからない箇所が残っていても、三回も読めば十分。

仮に本の内容が全部理解出来ても、駆け出しのサムちゃんには少し参考になる程度だ、すぐには役に立たない。

すぐには役に立たないけれど参考になる、なんて言ったらプロの著者に叱られるかな。でも、小父さんが「すぐには役に立たないけれど」と言うのは、本の中に「〜すべきだ」「〜でなければならない」という、べき論、筋論が多いから。「べき」でうまくいくほど簡単なことじゃない。簡単じゃないということは、べき論、筋論だけでは役に立たないということになる。第一、営業のプロフェッショナルが書いた本を、素人の我々に簡単に理解出来る訳がない。

（2）理解出来なくても読む

しかし、プロフェッショナルの話は大変参考になる。べき論、筋論は営業の基本。基本だけでは役に立たないけれど、基本を知らないとどうにもならない。まず、基本を本で読む。本は頭が整理されていないと書けない。頭を自分で整理するのは大変だから、整理された頭で書かれた本を利用して、自分の頭を整理する。

整理された頭の方が、工夫もしやすく、知恵も出るし、応用動作も上手に出来る。では、どんな本がいいか？　出来るだけページ数の少ない、薄い本がいい。厚い本は駄目だよ。サムちゃんのような素人には難しいし、全部読み通すのが大変だ。厚い本を読み終わると、「やった！　全部読み終わったぞ！」という満足感、達成感が頭に残る。本の内容が残って欲しいのに、内容はどこかへ飛んでいってしまう。そして、「俺はこの本を読んだのだから、わかっているはず」となる。「はず」ではなく、「わかった」にならないと。

繰り返すけれど、最初に読む本は薄いほどいい。何がいいか？　サムちゃんのような営業の一年生が、無理なく読み通せるから。薄い本は一度読み通すと、本のどこに何が書いてあるか、すぐわかる。わからなくても、ページが少ないから探すのは簡単。そうして、必要な箇所だけもう一度読めばいい。

薄い本の効用はまだある。値段が安い（この際これは関係ないか）。それに、薄い本ほど基本が凝縮されている。駆け出しは、まず基本からスタートしよう。もう少し具体的なこと、応用を知りたくなったら、少し厚い本を購入する。初めから厚い本ではなく、少しずつレベルを上げていく方が楽だ。

もっとも、いくら薄くても内容は大事だよ。本を選ぶ目安は、手に取って読みやすく、文章が平易な言葉で書かれてあり、手触りのいい本であること。

良い本——難しいことを、わかりやすく書いてある

普通の本—難しいことを、難しいまま書いてある

悪い本——簡単なことを、難しく書いてある

（3）書いてあることを実践して、種を蒔く

その本にどんなことが書いてあるか、それはもちろん読んでみればわかる。読めばいろいろ感情が湧いてくる。例えば、

・お客さまを増やす工夫をせよ

そんなことは言われなくてもわかってる。どうすれば増やせるのか知りたいのに。

・お客さまは何を欲しがっているか

それがわかれば苦労はないわ。

・あらゆる情報をキャッチせよ

偉そうに、お前さんやってみせて下さいな。

とまあ、サムちゃんもこの手の本を読んでそんなふうに思っただろ？　読まなければ何も思わない。何かを思うことから物事は始まる。

・お客さまを増やす工夫をせよ

そんなこと言われても困っちゃうよ。何しろ突然、「営業が君を欲しいと言ってい

るんだ。君、明日から営業へ行ってくれ」と言われて、「えっ、俺が営業やるんですか？」だもの。お客さまを増やすどころか、まだ一人もいないのに、「増やす工夫をせよ」と言われても困っちゃう……。

「お客さま」というから気が重くなる。お客さまという言葉を「友達」とか「仲間」と置き換えて読んだらどうだろう？

「友達を増やす工夫をせよ」「仲間を増やす工夫をせよ」。これなら出来そうな気がしてくるし、遊び感覚を取り入れることが出来る。

・お客さまは何を欲しがっているか

うーん、欲しがってるのかなぁ。欲しがってる訳はないと思うな。欲しがるってことは、支出が増える、お金が出ていく話だから、あまり聞きたくないのじゃないかなぁ……。

ではどうするか。支出が増えても、それ以上に収入が増える。こういう話なら耳を傾けていただけるんじゃないかな。そこで初めて、欲しい物が何かをポロリと漏らしてくれる。ポロリだから、聞き漏らしたらそれでおしまい。

それに、ポロリはサムちゃんの商売には直接関係のない話かも知れない。それを、「俺には関係ないな」と思っていては駄目だ。例えば雑談で、相手からこんな話が出たとしよう。

「そろそろ車を買い替えようと思ってるんだ」
「庭木が伸びてどうにもならない。最近は植木屋がなかなか来てくれなくてね」
「娘にも困ったもんだ、どこかに良い人いませんか？」

こういう話を「ふーん」と聞き流していてはもったいない。車の買い替えの話なら、「私の友達に車の営業マンがいるので、一度お宅へ伺うように話しておきましょうか」

車の話は直接サムちゃんの仕事に関係ないけれど、車の営業マンにとっては貴重な、喉から手が出るほどありがたい情報だ。こういうふうにすれば、お客さまにとってサムちゃんは親切な人、気配りの出来る人という印象になるし、車の営業マン、あるいはお客さまが、次はサムちゃんの欲しい情報を提供してくれるかも知れない。してくれないかも知れないけれど、種を蒔かなきゃ芽は出ない。

商売を抜きにしても、人のお役に立てるのは楽しいではないか。第一線の営業マンが「種を蒔く」など悠長なことはしていられないかも知れないが、販売促進部員なら出来るし、それが仕事のはずだ。販売促進と営業の違いは、種を蒔くか、収穫をするかの違いだろ？

ただし、優秀な営業マンは、収穫をしながら種を蒔く。駆け出しのサムちゃんは、「よし、俺も両方やろう」と張り切らないで、まずは種を蒔くことに徹しよう。早くて半年、遅くて一年で収穫出来るようになってくる。

（4）情報をキャッチすること

「現代は情報社会」「情報が溢れている」なんて言うけれど、必要な情報は自分で集める。そして考える訳だけれど、情報はたくさん集めればいいというものでもない。どんな情報を集めるか、これが一番大事。

難しいと思うかも知れないが、簡単なことだ。「どんな情報が営業の役に立つか」

ではなく、「お客さまに何が役に立つかなあ」と思うだけでいい。
思うだけで、今まで見過ごしていたことにも、アレッ？　と気がつくようになる。聞き流していたことも耳に残るようになる。
小中学生の頃、クラスのアイドルのことなら何でも知りたかったし、彼女に関する耳に挟んだ話はしっかり覚えていただろ？　そして、彼女の役に立つなら何でもしたい、したいというより、してあげたいだったかな？　もう茫洋とした霧の彼方の記憶かも知れないけれど、これと同じことだ。
このことを「自分で情報を集める」と言う。情報は「集める」ではなく「集まる」と言った方がより正しいかな。相手に関心を持って、お役に立ちたいと思っていると、相手に関係しそうなことが自然と目に留まり、耳に残って、それが情報となる。難しく考えないでやってみろよ、面白いから。
情報を集める（集まる）とは――相手に関心を持つこと
お役に立ちたいと思うこと
情報を収集するとは――アレッ？　と気がつくこと

ここで一寸脱線――。

サムちゃんの周りにも一人くらいいるかも知れないな、「情報が入らない」「俺はその情報を聞いてない」と言う人が。

情報は必要な所に集まる。経験上こういう人は情報をほしがる（何もしないくせに俺は知ってるぞと言いたい）。情報はこういう人を必要と考えていないのだろう。

さて、話を元に戻そう。

「よしっ、情報を収集して……」と腕まくりなどしないで、気楽にすること。張り切って腕まくりをすると長続きしないよ。

人間の頭はよく出来ている。アレッ？　と一瞬気がついたことなんかすぐに忘れてしまうけれど、必要な時には思い出すから心配ない。サムちゃんも何かの拍子にヒョイと思い出したという経験が何度もあるだろ？

「これは大事なことだから忘れないようにしよう」なんて思わないこと。受験勉強じゃないんだから、忘れても給料はもらえるし、全部記憶していても給料が上がる訳じゃない。

一生懸命もいいけれど、気楽が一番。気楽にやればいい、と思っていれば気持ちに余裕ができ、肩の力も抜け、頭も少しは柔らかくなり、表情も明るくなる。明るくて余裕のある感じの人に会うのは楽しいだろ？　そして、営業マンは人に会うのが仕事の始まりだ。

第五章　やってみようか

サムちゃんは、どんなお客さまを訪問しているのかなあ。会社なのか、個人事業なのか、一般家庭なのか。会社ならどんな業種か、あるいはどこの地域担当か。サムちゃんの会社にユーザーリストがあって、それに従って訪問しているのか、自分で勝手に訪問するのか。訪問する時の道具はどんなものか。訪問マニュアルは？　小父さんが知りたいことは山ほどある。

それはそれとして、我らは、「健康一番、遊びが二番、三、四がなくて五に会社」これでいきましょう。「一に商売、二に仕事、三、四がなくて五に会社」こういう余裕のない人に会っても面白くない。我らは楽しくやろうよ。

じゃあ、少し具体例を書いてみようか。

⑴ 一般家庭なら

ピンポーン「〇〇ですが……」

これはダメ。ピンポーンの前に洗濯物、自転車、生垣や庭木など周囲を観察。小さな自転車があれば子供がいる。家族構成を推測してからピンポーン。「お庭きれいですね」の一言を入れて「〇〇ですが……」。その後、「ご家族の皆様に……」より「子供さんに……」と具体的に言う。

サムちゃん、相手の目を見て話せと言われているだろ。目を見続けられると圧迫感を感じるだろ。でも、目線を口元に移すと感じない。「如何ですか?」と問いかけ「そうでしょ」と同意を求める時に目を見る。カタログ、パンフレットの説明は、相手の目線を指で誘導しながら。タブレットでの説明は相手に合わせて拡大、画面の移動、切り替えはゆっくり、少し間をおいて説明。相手は初めて見る画面、ゆっくりしないと見てもらえない。相手に合わせて間を取る。

(2) 個人商店にて ——酒屋さん

サムちゃん、行きつけの酒屋さんのご主人に酒屋のことを教えてもらい準備して訪問。ピンポーンの前に、店先にゴミは落ちてないか、ガラスは汚れてないか、ご主人・店員の身だしなみは、お客さんは……など、お店の様子をよく見る。以上を要約すると、事前準備、情報収集をして伺う。

ご主人にお話しするけれど、奥さんにも聞いていただければなお良い。と言っても「奥さん、聞いて下さい」ではなく、話の仲間に入ってもらう工夫をする。財布は奥さんかも知れないし。

そして「さようなら」と帰る。少なくとも一度は振り返る。振り返ってご挨拶する余裕が欲しい。サムちゃんが見えなくなるまで、見送って下さっているかも知れないだろ。

（3）突然、クラブの売れっ子ホステス登場

売れっ子ホステス、今はコンパニオンと言うのかな。トップホステスというのは偉いな。右手はこっちのお客さまの膝の上、左手はあっちのお客さま、向かいの客には流し目、時々みんなに艶然《えんぜん》と微笑みかけ、会話も……という具合。

お店を出ると男ども全員が、「あの子は絶対、俺に気があるに違いない。今度は一人で来ようかな」なんて。

一般家庭や個人商店で、奥さんを仲間へ入れるとは、売れっ子ホステスの振る舞いみたいな工夫のこと。

トップホステスというのは、ファッションからテレビや映画はもちろん、政治・経済など、どういう話題でもきちんと話が出来るし、よく勉強していてお客の気を逸《そ》らさない。

偉いなあ。ホステスじゃなくても、どんな仕事でもトップになると思うよ。こういう人がプロフェッショナル。こういうプロが我らのライバルではなくてよかった、勝

ち目がないよ。

女、美人だけでは駄目、売れっ子にはなれない。女、美人だけなら、家へ帰ればわが家にも一人いるよ。これはのろけ、ハハハのへ。

(4) 会社・企業への訪問

会社・企業の場合はどうか。基本的には個人相手と同じだけれど、一寸違う。何が違うのか?

個人の場合――サムちゃんが直接相手に売り込む

会社の場合――サムちゃんが売り込んだ相手が、相手に売り込む

相手が相手に売り込むとは、サムちゃんはまず担当者に会い、話をする。担当者は上司に説明、つまり上司に売り込む。上司は部長の承認を得る、つまり部長に売り込んでいる訳で、これを相手が相手に売り込むという。サムちゃんも会社の品物を購入する時に、金額によっては予算を申請した経験があるだろ?

相手が相手に売り込む時、すなわち上司に説明する時に、何が嫌か。それは、サムちゃんが上司に説明する時のことを思い起こせばいい。叱られるのが嫌だろ？

「これを購入すると、どんなメリットがあるのか、君、わかってるのか？」

「そんなことはわかってるよ、数字で言ってくれ」

「この数字を全部俺に見ろと言うのかね、君は。こんな細かい数字はいらんよ。何か知恵はないのかね？　全く駄目だなあ、君は」

こんなことを言われたら、サラリーマンの将来が暗くなる。したがって、相手が相手に説明しやすい（売り込みやすい）ように、お手伝いをすることがサムちゃんのメインの仕事になる。グラフを提供するとか、場合によっては相手の会社で説明会を開かせていただくとか、部長に説明する時は、こっちも部長を引っ張り出すとか。でも、部長と一緒に説明に行った結果、

「君、わしが行った例の会社は、その後どうなったかね？」

「いやあ、あそこは駄目でした。せっかく部長に行っていただいたんですが……」

何？　わしは役に立たないのか！　と思われたら大変だ。企業の場合は、あっちも

こっちも大変……。

　そこで、こっちの部長に、契約がほぼ決まった時点、あるいは契約後に、「部長、例のところ契約が取れたので、部長のご都合のいい時に一度お礼に一緒に行っていただけませんか」

　部長は決まったあとだから気が楽。

「あぁ、いいよ。君、段取りをしてくれ。わしが行くまでもないと思うが、火曜か木曜の午後なら空いてるよ」

（うん、こいつは総務から来たけど、なかなかよくやってるよ）

　これで将来が明るくなる、めでたしめでたし……かと言うと、そうでもない。

　部長に直接お願いすると、課長がへそを曲げる。こっちが忘れた頃、全く関係のない話の時に、「君、その件は直接部長に相談したら？」などと言われかねない。全く人間という奴は感情の動物だ。そこでひと工夫して課長の顔を立て、仁義を切っておく。

「課長、例の会社、契約が取れたんですが、一緒に行っていただけますか？　先方は部長が出てくると思いますが、いかがいたしましょうか」

「向こうは部長が出席されるのか、それじゃあこちらも部長に行っていただかないとまずいだろ。俺から部長に話しておこう」

「お願いしまーす」

そう、売り込みというのはいろいろ大変なのだ。大変だけれど、自分が想定したような結果を手にしたら、こんな面白いゲームはない。スマホゲームやテレビゲームなど架空のゲームではなく、生身の人間を使ったゲームだからね。人間を使ったゲームなんて言ったら、人間全体に対して失礼かも知れないけれど。

サムちゃんに言いたいのは、仕事、仕事と頭を一杯にするとうまくいかないから、ゲーム感覚とか遊びのつもりとか、気持ちに余裕を持てるような工夫を自分なりにして欲しいということ。

(5) 努力八分に運が二分、だったかな?

契約成立おめでとう。総務から営業の第一線へ、まるで畑違いの部署に異動し、戸惑い、ぶつかり、跳ね返されながら、サムちゃんが地道に歩き回った結果だ。本当に良かった。もう一度、おめでとう!

地道な努力、と一言で言うけれど、簡単に出来ることじゃない。それに、地道な努力をすれば成約出来るとは限らないが、地道に続けないと成功しないことは確かだ。「努力八分に運が二分」だったか「一分」だったか、やはり運も必要だ。いつも棚からぼた餅が落ちてくれればこんな嬉しいことはないが、そうもいかない。「運」は「地道」に付いてくるように思う。

とは言っても、なかなか思うようにいかない時は、いい加減うんざりする。そういう状態の時は、「地道にやるべきことをしているのだから、やがて運が俺に追いついてくる」と信じるのが、小父さんの生活の知恵。

「全く、運の奴は足が遅いなぁ、早く俺に追いついてこい!」なんて思っていれば、やがて不思議と運が追いついてくる。そうしたら一緒に走る。

「しっかり俺についてこいよ」

しばらくは一緒に走ってくれるけれど、運という奴はだらしない。すぐ息切れするし、足が疲れるらしい。それなら仕方がない、休ませるか、という具合。運は長距離が苦手らしい。地道にやっているサムちゃんに運が追いついたのだから、運が息切れする前に、もう一働きも二働きもしてもらえ。今のうちだぞ。

(6) 有効な〝口上〟は永遠に

サムちゃんの手紙に「一日百円の費用で……」という口上《こうじょう》で売り込みに歩いていると書いてあった。それで、小父さんが独身だった頃、百科事典のセールスが来た時のことを思い出した。「一日の煙草代で、この百科事典をいかが?」と。

驚いたなぁ、六十年近く前と同じ口上を使っているとはね。そして、その時に思ったことも思い出した。

「ふーん、一日の煙草代ということは、月に直すと三千円、年に三万六千円か。煙草代も馬鹿にならないな、禁煙しようかな」

……以来、今も煙草は吸っている。

六十年ほど前の口上、実際には江戸時代はおろか、もっと昔から使われている言い方だと思う。有効だから今も使われている訳で、遠慮なしに使うべし、だ。

(7)「一日百円」だけでは普通の人

営業の第一線は駆け出しでも、サラリーマンのベテランは少し工夫をしよう。同じ「一日百円」の口上でも、「一日百円かけると(投資すると)、二百円売上が伸びるかも知れない」と言うことは出来ないか?「差し引き百円の得!」と言えないか? さらに何となれば、かくかくしかじかと具体的に説明したら納得していただけるのではないか? もっとも、納得したら成約出来るとは限らないけれど、「一日百円」の口上だけよりはいいと思うよ。

ここで一寸前出の酒屋に出てきてもらおうか。

サムちゃんが酒屋を訪問して、店主さんと雑談している間に、何人のお客さまが酒を買いに来たか、あるいはサムちゃん自身の生活と比較して、酒屋さんの収入を推測する。その収入を利益と考えて、利益から売上の見当をつける。

収入を月に五十万円、売上を三百万円と仮定すると、一日の売上は十万円。この程度には頭を整理して話をする。

「ご主人、一日百円ですよ。フリーダイヤル0120を入れたら、売上が十パーセント増える、とは言わないけれど、五パーセントは上がると思いますよ」

(『上がります』と断定的な言い方をしないこと。『上がると思うけどなぁ』というニュアンスで。『上がる』と言い切るのは、一種の売上保証と受け取られかねないからね)

「そんなアホな、それやったら苦労せんわ」

「えっ、五パーセントは無理？　じゃあ二パーセントアップとして、ご主人のお店、一日の売上はいくらかな。まあ十万円にさせてもらって、十万円の二パーセントで二千円。0120の日額使用料の百円を引いて千九百円。月に五万一寸のプラス、年に六十、えーと……、こりゃあ大きいわ！　毎年奥さんと一寸した旅行に行けるわ」

旅行は売上で行くのではなく利益で行くから、本当は違うけれど、「一日百円、安いでしょう？」と言うよりも具体的で会話になる。この言い方は「一日百円で安い」に対し、月または年に換算して大きい数字を示して「ほら、こんなにお得ですよ」という言い方。つまり、ひとひねり。他にひねり方はないかなぁ。

サムちゃん「一日百円」とのことだけど、本当は月単位で契約してるんだろ？　月を三十日で計算しているなら、三十一日の月は年に七回だから、年に七百円、お客さまが得をする訳だ。これを計算に入れると、一日百円を切っている。仮に九十八円とした場合、「一日百円、本当は九十八円」。正確には実は百二円の場合は、「一日百円、正確には百二円ですけれど」。

九十八円の場合……ボソボソとつぶやく。百二円の場合……はっきりと言う。

相手の得になることをボソボソ言う人、はっきり言えばいいのに。自分が不利になることをはっきり言う人、言わなくてもいいのに正直な人だ、と思う。

正直な人だなぁと感じたら、お話を聞きましょう、という気になる。言い方、声の大きさを工夫し、練習する。お客さまの前でいきなり本番ではうまく出来る訳がない。

「一日百円」というネタ一つでも、話の持っていき方、話の仕方、ボソボソしゃべるか、はっきり言うのか、または黙っているのか（黙っているのも話しているのと同じこと）、身振りをするのか、しないのか。

営業は足で稼ぐと言うけれど、足だけでは営業マンになれないと思うよ。足を使わないと駄目なことは確かだけれどね。

（8）ここで投手登場

投手は手だけでは良い投球は出来ない。手首から指先、胸を張り、腰を使い、足を使い、目はミットを見て、打者を見て、コーチがサインを出してないか確認し、走者のリードを確かめ、頭は前の打席のこと、以前対戦した時にどんなボールをどのコースに投げ、どこへ打たれたか、一球一球考えて全身を使って投球する。それでもホームランを打たれる。当たり前のこと。打者も同じように頭と全身を使っている訳だから。

ただし、いつもホームランを打たれる訳ではない。時には三球三振に切って取ることが出来る、だから面白い。

サムちゃんの上の子のマア坊、確か野球部で投手だろ？　マア坊も試合では、前の打席のことや、今度は打者がどう構えているか、試合の流れなどを考えて投げていると思う。

過去の情報や現在の情報を分析し、作戦を立てて投げる。打者の足の位置や方向、ちらりとした目の動き……、ぼんやりしていると見過ごすが、情報は目の前にある。マア坊は中学生だけれど、エースならこの程度のことはしているよ。中学生の野球と営業が一緒とは言わないけれど、息子のやっていることを、親父のサムちゃんに出来ない訳がない。

第六章　人は生まれ、そうして死ぬ

「お客さまを訪問する心得を書こうか」と偉そうなことを言って書き始めたが、サムちゃんに乗せられて、我ながらずいぶん書いたなぁ。小父さんは営業職は経験したことはないけれど、対象をお客さまから、上司・部下あるいは同僚に置き換えると、サラリーマンとして長年経験してきたことを、ほとんどそのまま適用出来る。

一、自分を知っていただく
二、そのために、相手を知る努力をする
三、そうして自分を信用してもらう
四、信用していただいた上で、目標を達成する

五、目標を達成するために、身体・頭・心を使う
六、目標を達成したら、次の目標達成のためにフォローする

前章の課長と部長の話は、社内に対する一つの例。予算を取るとか社内で関係部門の協力を得ることなら、サムちゃんが今までしてきたサラリーマン生活と同じだ。基本的には同じなんて言うと、プロの営業マンに「社内と社外が同じとはなんだ！そんな甘いものとは違うぞ」とお叱りを受けそうだが、小父さんは大変よく似ていると思う。

サムちゃんは、これまで総務の一員として仕事をしてきた感想はどう？　真面目なだけでは息が切れて今まで続けてこられなかったはずだ。

大きな声では言えないけれど、時には適当にやっていただろ？　誰でもそういうことだ。適当とは「いい加減」ではなく、「肩の力を抜いて」という意味だよ。

(1) なぜかモテる奴がいる

女の子にモテる奴がいるよな。背が高くてイケメン、スポーツ万能、さらに話題は豊富で面白いし楽しい……こういう奴がモテるのは小父さんも納得する。ところが、どう見ても俺の方が格好いいはずだと思える奴が、俺よりモテるからシャク。サムちゃんの周りにも、不思議とモテる奴がいるだろ？

小父さんの観察では、彼らには共通点がある。サムちゃん、何だと思う？

マメなこと。実にマメ。相手の一寸した変化に気がつき、そして口にする。

「あれっ、ヘアスタイル変えたの？」

別に褒めている訳ではない。

出張に行けば、安物のキーホルダーなど買ってきて、「はい、おみやげ」。

文章が生き生きしてるだろ？　今も実行しているから現役、そしてモテている。小父さんの事実をありのまま書いたに過ぎない。そんな訳ないか、ハハハのへ。

モテる奴は顔つきや格好よさだけではないことがわかる。一寸ヘアスタイルを変えたら気がついてくれる。出張先でも私のことを気にかけていてくれる。モテる連中は、こういうことが自然に出来る。我らは出来ない。

女の子とお客さまは違うが、モテる奴の言動は大いに参考になる。少なくとも真似をする価値はあると思う。自然には出来ないが、心遣いの真似なら出来る。

(2) 生命保険の外交員Sさん

小父さんが現役の頃、昼休み。生命保険の外交員の小母ちゃんたちが、小父さんのいる設計室で保険の勧誘をしている。その中の一人がSさん。Sさんは昼休みが終わる五分前には、必ず設計室を退室する。他の小母ちゃんたちは昼休みが終わるギリギリまで、午後の業務が始まっても退室しない人もいた。

「Sさんは必ず五分前に設計室を出ていかれますねぇ」

「あら、気がついておられましたか？　お仕事の邪魔をしてはいけませんもの」

Sさんは誰とでも気軽に話し、保険には入らない小父さんにも、バレンタインデーには「はい、チョコレート」、小父さんが出張から帰ってくれば「北海道、お仕事はうまくいきましたか?」。ちゃんと知っている。小父さんを気にかけていてくれる、嬉しいねぇ。Sさんはどこにでもいる小母ちゃん。皆にお世辞を言う訳でもない。普通に雑談をしているだけ。でも、Sさんが男なら女性にモテるに違いない。

ある時、Sさんが外交員の新人らしき人にこんな話をしているのを耳にした。

「行きやすい所には自然に足が向くけど、契約は取れない。行きたくない所へ行くと取れる。行きたくない所だけ行っているつもりでも、行きやすい所と半々くらいになるのよ」

凄いな。Sさんは関東支社のトップセールスの常連だという噂は本当に違いない。

「Sさん、俺も保険に入れて下さ〜い」

(3) 教えていただいたら、その結果を報告

会っていただいて、何か教えていただいた相手には、その結果を必ずご報告する。

次のような文面でどうだろう。

拝啓、貴社益々ご清栄のこととお喜び申し上げます。

さて、◯◯の件、先月突然伺ったにもかかわらず、貴重なお話を聞かせていただいた上、大変参考になる資料までいただき、誠にありがとうございました。

あの節、ご紹介いただきましたA工業会へ、すぐにもお伺いしたいと思っていましたが、やっと昨日お邪魔してまいりました。と申しますのは、何か重要な総会があるとのことで、その後でとのことでしたので。

ご貴殿のご紹介をいただきましたこと、また△△のことなどをお話しし、事務局長殿に直接お話を伺うことが出来ました。……（中略）……

末筆ながら、□□様へよろしくお伝え下さい。

敬具

以上は、ある会社へ伺い、A工業会を紹介してくれた方に対するお礼状。紹介してくれた人は、一ヵ月も前にサムちゃんに会ったことさえ記憶していないと思う。少なくとも小父さんは、一ヵ月前に一度会っただけの人は記憶していない。そういう人からお礼状が来たら「そういえば誰か来たな……」と記憶を呼び起こす。そして「ふーん、なんと律儀な」と思うだろう。サムちゃんも、「貴方のご紹介で行ったら、大変親切にしてくれた。いやぁ助かった」と言われたらいい気分だろ？

この手紙は読んでわかる通り、

・紹介していただいたのに訪問が遅くなった、その理由は相手の都合ということを説明

・「□□様」というのは、お茶を出してくれた女性（名札を見てわかる）で、彼女への心遣い

お礼だけでなく心遣いもちゃんと入れてある。

さて、もう一度今のお礼状の例を見てよ。「昨日お邪魔してまいりました」と書いてあるだろ？　昨日伺い、すぐに今日、貴方へお礼状兼報告を書いたということだ。

わずか数行の文章を、すぐ書いてFAXやメールで送るか送らないか、それがモテるかモテないかの差だ。この一寸した「わずか」が、簡単に出来そうでなかなか出来ないけれど、営業駆け出しのサムちゃんとしては、契約を取ってくることよりは簡単なことだと思う。

慣れればこの程度の文章は簡単に書けるようになるけれど、最初は一、二行でもいい。以下のような感じかな。

前略

ご貴殿に紹介していただいたA社へ伺ってまいりました、おかげさまでとても親切にしていただきました。ありがとうございました。

ただし、書いて出せば事足れりではなく、ありがたいという感謝の気持ちを持つことがあってのお礼状だし、感謝の気持ちだけでは相手に伝わらない。教えていただいた結果がどうであったかをご報告するのは、礼儀以前の当たり前のことだ。

自分に出来ることはしておく。しておくと自信がつく。「俺はすることはきちんとしている。俺以上のことは誰も出来ない、俺がやって出来ないことは、誰がやっても駄目だ」

少なくともこういう自信がつく。自信を持つのが無理なら、自分をだますとでもいうか。だまされたと思ってやってみてはどうだろう？

(4) 不親切なカタログ

さて、サムちゃんが送ってくれたカタログを見て、思ったことを無責任に書いてみよう。勝手なことを言うなと叱られるかな？

カタログを見て小父さんがすぐに思ったことは、「お客さまにも営業マンに対しても不親切なカタログだな」ということ。営業マンはこれに文句も言わず、疑問も持たず、持ち歩いて使っているのかな？　それとも、文句を言うと言い出しっぺが損をするから黙っているのかな？

カタログにはこう書いてある。
一、ビジネスにご商売に、フリーダイヤルがお役に立ちます
二、企業は少ない人員でハイタッチな消費者との触れ合い……
三、取り付け簡単、費用は一日百円
どこを眺めても、なぜお役に立つのかわからない。「なぜ」がないから不親切。一番知りたいことなのに。

「なぜ」は営業マンが説明することになっているのかな？　サムちゃんはどういう話をお客さまにして売り込んでいるの？

「今どき、文句も言わずに来てくれる人はいないわ。フリーダイヤル入れて留守電にしてみなはれ、アホみたいに安うて用は足りるで」

「配達から帰って留守電を聞いたら、また配達や。商売繁盛や！」

ビジネスにご商売にお役に立ちます、と言うより、こういうくだけた具体的な感じの方がわかりやすいのと違いますやろか。

もう少し工夫すればいいのにね。もっとも、優秀な営業マンはどんなカタログを持

たされても自分で工夫して活用するのだろうけど。プロフェッショナルとはそういうものだと思うよ。

(5) プロフェッショナル

スーパーの食品売場でソーセージの切れ端を楊枝《ようじ》に刺し、「おひとついかがですか?」と、試食販売のマネキンさんが勧めている様子を思い出した。誰にでも何気なく差し出しているのかと思っていたら、とんでもない。

優秀な人は一歩も二歩も踏み出している。足じゃないよ、知恵と工夫のこと。買ってくれそうな相手を選び、一人で買い物中のお客さま、子供連れの若いママさん、中年のご夫婦、若い人、それぞれに対して、

一、自分の身体の向き
二、相手との距離
三、小さなソーセージを大きく見せる

四、目の配り方
五、手の動かし方、指の使い方
六、声のかけ方、言葉遣い
などなど、相手に応じて使い分け、微笑みかける。誰にも教えてもらわず、自分で工夫し、経験して自分のものにした技だと思うけれど、あのマネキンさんたちに比べると、サラリーマンなど背広着てネクタイして名刺を出して……、大したことないな。サムちゃんも奥さんのケイ子さんと一緒に買い物に行った時に、よく見せてもらうといい。大変参考になる。優秀な営業をするというのは才能ではなく、工夫の積み重ねだということがよくわかる。

知恵を出し、工夫を繰り返し、経験が身について自然に出来る人がプロフェッショナル、ベテラン。長年同じ仕事をやっているからベテランという訳ではない。

「今どきの若い連中はなっとらん。あんな仕事、俺にやらせれば……」

これは当たり前のこと、小学校六年生が下級生に対して、「こんなテスト、ぼくなら百点だ」と言っているようなもの。長年だけの人は、ただの中年に過ぎない。これ、同じことを前にも書いたっけ？

ベテランマネキンさんも、最初は楊枝を差し出すことさえスムーズに出来ず、苦労したはずだ。サムちゃんも楊枝を差し出すところから始めればいい。まずは練習。やってみると結構難しい。あのマネキンさんのようにやろうと思っても、指は滑らかに動かない。最初からプロのようには出来ないいな。

(6) 一寸気になること

サムちゃん、「二つも三つも入れてくれるお客さまもいるけど……」と電話で話していただろ？　この「けど……」が一寸気になる。

一度成約したお客さまは、「一丁あがり、おしまい」という気持ちが心のどこかにあるんじゃないか？　もちろん新しいお客さまを訪問する方が大事だとは思うけれど、何度も足を運び、親しくしていただき、仲間になりかけた人を大事にするのは、商売を抜きにしてもエチケット・礼儀だと思うよ。二つも三つも入れてくれたお客さまは、すなわちサムちゃんを信用してくれた人たちだ。

「サムちゃん、俺の友達も欲しいって言ってたから、行ってみな」

　こう言ってくれるかも知れない人を粗末にして、

「あいつ、契約するまではよく来たのに、契約したら顔も見せん」

　せっかく仲間になりかけた人から、こう言われるようでは話にならない。

　釣った魚の所へたびたび行くほど暇じゃねぇ、と言いたいだろうけれど、暇がなくてもスマホがある。歩きながらでも電話は出来る。

「ご無沙汰しています、いかがですか、お役に立っていますか？」

「結構いいよ。最近顔を見せないね、遊びに来いよ」

「ありがとうございます、また伺います」

「伺いたいんですが、釣った魚の所へ行く暇がないんですよ」と、こんな軽口・冗談を言えるようになりたい。

　一ヵ月後、あるいは三ヵ月後、電話を入れる。お役に立っているかなぁ、いつも貴方のことが気にかかっているんです、と思っていれば、どんなに忙しくても電話の一本くらい出来る。忙しさではなく、気持ちの問題。

商品に不都合や不具合がない限り、お客さまから電話をくれることはないけれど、こっちから出向いたり電話をしたりすると、思いがけないありがたい情報を聞かせてもらえるかも知れない。小父さんの経験では「聞ける」と断言出来るけれど、サムちゃんとは業種が違うから、「聞けるかも……」としか言えない。でも、「電話や訪問をしなければ、絶対に聞けない」ということは断言出来る。

知り合った人を自分の情報網に組み込み、情報網を拡げていく。情報網を拡げるなんて、何やら難しい話に聞こえるけれど、難しい話ではない。テクニックはいらないとは言わないが、心がけ・気持ちが大事だと思う。

(7) 人は一人では生きられない

情報網を拡げる、などと言うと、他人を利用するようで嫌かも知れないけれど、利用するのではなく、早く一人前になれるように支援していただく、と考える。第一、駆け出しのサムちゃんが他人を利用出来る訳がない、助けてもらうんだよ。

人は生まれ、そうして死ぬ。この間が人生。「人は一人では生きられない」と言うだろ？　助けてもらうことに引け目を感じなくていい。今のサムちゃんには、引け目を感じる余裕はないはずだ。

ただし、助けてもらうことに対して、当然と思ったり、遠慮なしでは駄目だよ。片時も感謝の気持ちを忘れず、卑屈にならず、「世の中はギブ・アンド・テイクじゃないと……」などと心配するな。いつかサムちゃんが誰かを助ける時が来る、必ず来る。だから今は、胸を張って堂々と支援してもらおう。

わからないことは訊けばいい。困った時は助けを求めればいい。逃げ出したいと思ってもいいじゃないか。一生懸命やれば、神様が助けてくれるよ。

(8) 役立つ〝記録〟の残し方

サムちゃんが小父さんの質問に応えて送ってくれた「ユーザー訪問記録簿」を見せ

てもらったよ。早速イチャモンをつけるけれど、他意はありません。何かの役に立てば幸いなり。

さて、この記録を毎日書く目的は何だろう？　毎日、記録簿をつけているとサムちゃんは言うけれど、その記録をどのように使っているのか？　次の訪問にどう応用しているのか？　こんな小さなマス目では○×しか記入出来ないじゃないか。

これは単に営業マンを管理するための記録簿だ。挨拶をしたかどうか、一日に何軒訪問したか、統計を取り、「君たち、きちんと挨拶しなければ駄目じゃないか」「もっと歩き回れ」、そういう指導をすることには有効だし、必要だけれど、サムちゃんの役には立たない。

サラリーマンだから、会社から「書け」と言われたものは書かないと給料に影響するからきちんと書けばいい。でも、サムちゃんが必要な記録は、挨拶をしたかどうかではなく、

- どういう挨拶をしたか
- どういう話題が出たか

・ご主人の服装や奥さんの様子はどうだったか

このようなことをメモしておけば、次回訪問時の役に立つ。

「ユーザー訪問記録」ではなくて、「ユーザー訪問〝した時の〟記録」だ。他人へ見せるものではなく、自分がわかればいい訳だから、手帳やスマホにメモしておくのでもいいし、少し工夫して自分流の表にしてもいい。いずれにせよ、お客さまの所を出てすぐに書く。会社へ帰って書こうというのは駄目。会社のデスクだと報告書を書いている気分になり、メモではなくなるから。そして、時間が経つと忘れてしまうから。

それに、こういうものはすぐにやらないと、洗濯物と同じですぐ溜まる。すぐ書けば溜まらない上に、楽。楽をするにはたくさん書かないこと。だからメモと言う。

少し例を挙げよう。

野球、相撲、サッカーの話をした、寒かった、暑かった、◯◯の話（売り込みの話）をした、またはしなかった、とか。この程度だから楽だし簡単。これで十分だ。

これを見て復習し、次の訪問をする。

そして、サムちゃんがもう少し営業の経験を積むと、このメモを見て、なぜこのお客さまと成約出来たか、または成約出来なかったか、ということが何となくわかるようになる。言い換えると、成功と失敗のノウハウが身についてくる。

成功のノウハウだけでは足りない。失敗のノウハウも必要。昔から「失敗は成功のもと」と言うではないか。ん？「母」だったかな？

サムちゃんは駆け出しの営業マンだから、最初から百点のメモを書ける訳がない。三十点で十分だ。三十点も三回取れば九十点。立派な合格点になる。

最初はお客さまと話した話題に限ってメモをすればいい。とにかく、「必ずメモをする」ことから始めてみてはどうだろう。

第七章　自分に出来ることを続ける

サムちゃんが、電話で小父さんが話したことを書いてよこせと言うから、約束通り書くよ。一寸辛口、叱責《しっせき》編。

(1) クレームはチャンス

気持ちはわかるけれど、それはせっかくのチャンスを潰《つぶ》してしまった。過ぎたことを言っても取り返せないが、納めた機械の調子が悪いから来てくれとお客さまから電話があったんだろ？　どうしても外せない用事があったといっても、お客さまは困っているから電話をしたのに、すぐ行かないなんて。

まさか、「どうしても外せない用事で行けないので、一寸待って下さい」などと言ってしまったんじゃないだろうな？　言ってしまったのか、それは怒るよ。商品を売ってしまえば貴方はどうでもいい、外してもいい相手だ、と言っているのと同じだ。

クレームは必ず起こるものだ。文句を言われるのは小父さんも好きじゃないけれど、行くのは嫌だなあとマイナスに考えるより、もう一つ買っていただくチャンスだ、とプラスに考え、すぐに伺う。

クレームの時に壊れているのは機械だけではない。お客さまの心が壊れているんだ。「いろいろ検討して良いと思って買ったのに、壊れてしまった。これを使っているわが社の皆にも迷惑をかけてしまった」と。

壊れた心を治すには、お客さまの胸の内を心から聞くのが一番だ。そうして心が治れば、クレームは解決したも同然。誠意ある対応をして壊れた機械を迅速に直さなければならないけれど、もっとも迅速を要するのは、お客さまの心の修理だ。

これを怠ると、機械は完全に直ってもクレームは解決しない。部品が来てからにしよう、と一日延ばしにしたい気持ちもわからないではないけれど。

クレームゼロは素晴らしい記録か？　クレームゼロはお客さまが満足されているということか？　お客さまから何も言ってこないからフォローしないでいると、「お宅の機械、調子悪いから買い替えたよ」と、いつの間にか他社の機械に代わっていたりする。言ってくれたら対応したのに……と思ってもあとの祭り。

言われる前に、「機械の調子はいかがですか？」と、こちらから電話をすれば、こんなことにはならない。

「機械を入れたら電話もかけてこない」

これでは、お客さまの心はもう戻ってこない。


さらに、クレームをチャンスと考える。お客さまの所へすぐ伺い、お客さまの話をしっかり受け止める。クレームを自分の目で確認する。誠意ある動きをすれば、二台目、三台目を契約していただける、かも知れない。

今からでも遅くないよ、サムちゃん、来るなと言われた所へ、裸になってもう一度行ってみたらどうだろう。

(2) 事例　――どうして知っているの？

「あるお客さまから、『こういう機械は出来ないか』というお話をいただいたが、出来るか？」という電話が現地から入った。「現状の物をベースにすれば、比較的費用も安く出来る」という次第で、注文をいただき、設計製作し、無事に納入して、現地から「使い勝手がいい」という話も入り喜んでいた。

ところが突然、「こんな機械は使えないと言われている、すぐに現地へ来てくれ」と電話が入った。何が何だかわからないけれど、話がこじれていることはわかる、すぐに飛んでいった。するとお客さまは、「こんな物はいらない、持って帰れ！」と言われる。そう言われても、何トンもある機械は重たくて持っては帰れない。小父さんはそれほど力持ちではない。

話を詳しく聞いてみると、事の起こりは些細な行き違いで、売り言葉に買い言葉。

お客さまの言われるようにするには、費用も相当かかる。それに、「使えない」と言いながら毎日支障なく使っておられるようだから、費用も低くて済む次善の策を取った。次善の策とはいえ、「これでどうだ！」と胸を張れる、そこまでやるのかという対応を迅速に取った。これで満足していただけるに違いないと思ったが、お客さまは、「なんだ、こんなものか」という反応だった。

ところがその言葉とは裏腹に、すぐに追加注文をいただいた。満足していただけたんだ！　と嬉しかった。さらに数ヵ月後、別のお客さまから「あそこと同じ機械を」という注文をいただいた。

「この機械があることを、どうして知っているんですか？」

最初はクレームを言いながらも、結局追加注文をしてくれたお客さまが、宣伝して下さったに違いない。

（3）売らない営業、売れない営業

製品を作らない工場、図面を引かない設計士、授業をしない先生、運転をしない運転手、投げないピッチャー。こういうのが給料を受け取ると「給料泥棒」と言われる。でも、結果は同じでも、給料泥棒ではないのは——売れない営業、作れない工場、図面を引けない設計士……以下同文。

よく見てもらいたい。一寸違うだろ？　というより、たった一文字違うだけ。

売らない営業——するべきことをしない。自分に出来ることをしない。だから結果は永久に出ない

売れない営業——売ろうと工夫し、努力している。自分に出来ることを出来る範囲でやっている。だから、いずれ結果は出る

サムちゃんは、投げないピッチャーを試合に使うか？　酒を渡さない酒屋にお金を支払うか？　仕事をしない奴は部下に欲しくないが、仕事が出来ない奴は欲しい。いつか出来るようになる。

サムちゃんは「結果を出せ」と課長に言われたそうだな。契約さえ取れれば万事OK、という意味ならいいけれど、そんな問題じゃないんじゃないか？

課長が本当に言いたいことは、「結果を出そうとする姿勢を、若い者に示せ」じゃないのか？

以前の肩書きに寄りかかっていないか。営業では先輩の若い人に対して、中年のサムちゃんが先輩風を吹かしてないか。「結果を出して欲しいけれど……」と遠慮しながら言わなければならなかった若い課長の気持ちを考えて欲しい。

小父さんの杞憂《きゆう》に過ぎなければいいけれど、サムちゃん、その点、自信はあるか？　サムちゃん、異動してそろそろ半年、結果だけを欲しがっていないか？　そういう状態になると、いい加減いやになってきているから姿勢が崩れてくる。「あーあ、嫌になっちゃった。何で俺が営業をしなきゃならないんだろう……」と。

課長としては、サムちゃんは営業は新人だから、すぐに結果は出せなくても、サラリーマンの先輩としては仕事に対する厳しい姿勢、仕事のやり方、電話の応対一つにしても、若い人たちに前向きの姿を見せてくれないと課全体の士気にかかわる。言いにくいことも言わねばならない。

小父さんはサムちゃんに、なぜこんなことを言うか。

先日の電話でサムちゃんは、サッカーJリーグの優勝はどこのチームか？　という小父さんの質問に答えられなかった。あの日は優勝の決まった翌日だから、新聞の一面に優勝チームの名前が踊っていた。詳細は記事を読まないとわからないが、優勝チーム名くらいは新聞を開かなくてもわかる。

新聞も見ずに外歩きをしているんじゃないか？　営業マンとしてすることをしていないんじゃないか？　結果が出ずに気持ちが後ろ向きになっているんじゃないか？

新聞を隅々まで読めとは言わないが、見ることは出来ると思う。自分に出来ることを実行してみてはどうだろう。

三ヵ月や半年、結果が出なくともいい。三年は困るけれど、姿勢が前向きなら、遅くとも一年でいい結果が出るよ。

(4) 今を見ると、前へ進む

サムちゃん、「壁にぶつかって……」などと、のんきなことを言うな。そんなことを言う暇があれば、新聞に目を通して出社することだ。

河童は陸に上がるとすぐ皿の水が乾くが、行水くらいでなんとかなるだろ。元の水の中へ戻ろうなどという弱気の虫は自分で始末しろ。

間違っても、「総務のことなら俺に任せろ」などと思うな。誰もサムちゃんに総務を任せようと思ってない。営業を任せようと思ったから、今がある。

「若い者に譲った」などと言っている、甘ったれ中年オジさんがサムちゃんの周りにも一人くらいいるだろ？　自主的に譲ったのではない、と顔に書いてあるというのは言い過ぎかな。今を見る、現実に目を向ける、今を受け入れる。今を見ると、前へ進む。

経験したことのない仕事をする訳だから、壁にぶつかるのは当たり前で、ぶつかると頭に瘤《こぶ》が出来る。だから給料をもらえる。もしも、仕事が面白くて楽しいことばかりの毎日だったら、映画館みたいに入場料を払わなければ会社へ入れなくなるよ。瘤が出来て痛いなら、まだ瘤のない所をぶつければいいのさ。頭全部に瘤が出来た訳じゃないだろ？　どこか痛くない箇所でぶつかればいい。瘤くらい平気だよ。骨折や捻挫《ねんざ》の方が大変だ。

瘤が頭をグルリと一回りするうちに、結果はついてくる。痛ければ「痛いの痛いの飛んでけー」。それでも治らなければ、軟膏《なんこう》か何かを塗れば治る。

（5）早いうちにやっておくこと

誰でもそうだけれど、新しい仕事に変わると、早く実績を上げなければと思う。即座に結果を出せと言う会社もあるだろうが、一般的には、新人が即座に結果を出すとは思っていない。

とにかく最初は「早く仕事に慣れて下さい」という期間。この期間が一週間なのか一ヵ月なのか、のんびり一年なのか、いずれにせよ、この期間は周りに溶け込むとか仕事のやり方を覚えるとか、この先長く自分が居心地よく過ごすための準備期間だ。サムちゃんは、この大切な期間の残りは少ないんじゃないのか？

自分の出来ることから実行する、例えば……、

・皆さんより早く出勤する

・朝は「おはようございます」、帰りは「失礼します」と挨拶

こんなこと、営業と関係ないと思うだろ？　それがあるんだなぁ。こんな簡単なことすら出来ない人に、仕事が出来る訳がない。優秀な営業マンは、こういうことをおろそかにしない。

「おはようございます」の言える人

↓待ち合わせに遅れたことがない。軽い約束事も間違いなく守る

「おはようございます」の言えない人

↓遅刻して「道が混んでいてまいった！」などと、まず言い訳。まいったのは、待たされたこっち

遅れた言い訳をするより、「ごめんなさい」「悪い、悪い」こういう言葉が先に出る

のが優秀な営業マン。ありがとう、ごめんなさいが素直に言える心構え、日頃の生活態度が周囲の人に伝わり、信頼を得て、その結果が優秀な営業マンになるのだと思う。

売らない営業——名刺に「営業」と書いてあっても営業マンとは言えない

売れない営業——営業マンと言える

売れる営業——胸を張って営業マン

売る営業——優秀な営業マン。これこそプロフェッショナル

焦らずに、早く「営業マン」と言えるようになって欲しい。

(6) 自分に出来ることを続ける

継続は力なり、と言うだろ？　でも、続けるのは思っている以上に難しいから、簡単なことから始める。もっとも、簡単と言っても人それぞれだ。

子供の頃から「おはよう」と挨拶をしてこなかったら、挨拶をする、という簡単なことが難しいことになる。

小父さんの場合はネクタイをすることが難しく、継続して出来るようになるまで相当な時間を要した。サムちゃんには信じられないだろ？　でも小父さんは、入社以来工場の近くに住み、通勤は作業服、ネクタイは出張以外したことがないという生活だった。それが東京の本社勤めになり、お客さまの所へ伺う機会も増えて、ネクタイをして仕事をすることになった。今考えると、誰も小父さんのネクタイなど見てないのに、馬鹿みたいだよね。

何を続けるかは、自分で決めればいい。決めたことを続ける。

最初のうちは出来るんだなあ。ところが三ヵ月もすると、だんだん出来なくなる。

六ヵ月もすると、続けていないことに気づく。

この時期は、周りの人たちとも親しくなり、冗談の一つも言えるようになる時期と重なる。自分が皆に受け入れられたとか、仲間になったと思って気がゆるみ、続けようと思っていたことも「まあ、いいか」となってくる。

何事も最初が肝心だ。〝最初〟っていうのが三ヵ月なのか半年なのかはわからないけれど、最初にきちんとしておけば、以後五年、十年、居心地よく過ごせることは間違いない。

ずっと続けることの出来る人は、野球のイチロー、松井、サッカーのカズのような人。我ら凡人は、ずっと続けることなど出来る訳がないけれど、一年くらいなら気持ち次第で我らにも出来る。

一年出来たら、もう一年。都合三年は続けたいね。石の上にも三年、と言うだろ、サムちゃん。

（7）こんなことをしてみよう

・名刺に日付を入れる

いただいた名刺に、その人とお会いした日付を入れておくのは当たり前だけれど、小父さんが先日会ったある人の名刺には日付欄があって、渡してくれた名刺にはその日の日付が書き込まれていた。なるほどこうすればいいのかと、大変感心した次第。

早速真似をしよう。

・トイレへ行く

お客さまに会う前にトイレへ行く。別に用は足したくないよ、と言うなかれ。トイレの鏡の前に立ち、髪が乱れてないか、ネクタイは曲がってないかチェックする。そして、自分の顔に笑いかけてみよう。何となく気分が落ち着くよ。

・どこへ訪問するか

先輩から行ってこいと言われた所や、親戚・友達の紹介だけでは面白くないし、それだけではすぐに行き詰まる。展示会へ行く、酒を飲みに行く、遊びに行く、どこでもいいが、勤務時間外の自分の行動範囲で出会った人と、個人的に面識を得ておく。そして、仕事として押しかけていくのは失礼かなぁ?

・担当外の商品も勧めよう

これはサムちゃんの実績にはならないけれど、その担当の人は喜んでくれると思う。仲間をより仲間に出来るのではないか。助け合い運動さ。仲間は多い方がいい。

・通勤電車の中で

電車内にぶら下がっている週刊誌の広告を見る。今、世の中で何が話題になっているかわかる。新聞を読み、昼飯に立ち寄った食堂で週刊誌を読めば、話題には事欠かない。

第八章　さあ、行ってみよう

(1) 恐怖心は誰にでもある

住所を頼りに訪問し、初対面の人に会って話をする。こういう時、人は誰でも不安にかられる。不安というより恐怖心と言った方がいいかも知れない。それが自然。心が自然に働いている、正常という訳だ。

ところが、サラリーマンを長くやっていると、異業種へ配置転換され、新しい職場でよく知らない人に混じって経験したことのない仕事に直面して戸惑い、不安になり、恐怖心を持つという正常な心の反応に対して、罪悪感を持ってしまいやすい。

自分に出来るだろうか……、早く実績を上げなければ……、こんなことで給料をもらっていいのか……、真面目な人ほどこういう思いに囚《とら》われる。

サムちゃんが、もしこういう恐怖心や罪悪感を感じていたら、「俺は真面目人間だなぁ。少し自分を褒めてやらなくちゃ」と考えるといい。気が楽になるよ。気が楽になると表情が明るくなる。そうしてカラ元気が出る。カラでも何でも元気が出ると、足が前へ進む。カラはいつの間にか取れてなくなるから心配するな。

初めての海外旅行。知らない国へ行く、経験したことのないことをする、知らない人と会う、初めて国外に出るから、不安で一寸怖い、大丈夫かなぁと思う。そこで、どうするか？　ガイドブックを買ったり、図書館へ行って調べたり、その国に行ったことのある人に話を聞いたりして、旅行先の国のことを知ろうとする。「ありがとう」「こんにちは」、この程度の外国語は覚えてから出発する。

大丈夫かなぁ、無事に帰ってこられるかなぁ……。帰国すると、「うん、まあなんとかなったよ。楽しかった！」大抵の人がこう言う。

慣れない営業でも、海外じゃなくて国内、少なくとも言葉は通じるし、外国よりも土地勘はある。「おはよう」「こんにちは」「ありがとう」程度の商品知識で十分とは言わないが、大丈夫なことは間違いない。

営業の第一歩は、人に会うこと。明るく元気でなくっちゃ。恐怖心と罪悪感におさらばして、明るく元気に出かけよう。

(2) 展示会へ行こう

ネクタイをビシッと締めて展示会へ出かける。最初はサムちゃんの仕事と関係ない分野の展示会がいい。仕事に関係ある業界の展示会だと、どうしても仕事、仕事の感じになっちゃうからね。

食品、車、おもちゃの展示会、ファッション関係やスポーツ用品などもいいねぇ。仕事意識を少しでも緩和し、遊び感覚になることだ。仕事、仕事で見て回ると目が点になり、視野が狭くなり、頭が固くなる。その結果、見えるものまで見えなくなる。遊び感覚だと頭が柔らかくなる。遊びと思った方が楽しいではないか。

遊び感覚といっても、完全に遊びという訳にはいかない。それぞれの展示場には説明員がいる。適当に立ち寄って、話しかけ質問をし説明を聞く。サムちゃんは自分の商品をお客さまへ説明するだろ？　だからこれが良い参考になる。漫然と質問するのではない。

一、身なりはきちんとしているか
二、質問した内容にしっかりと答えているか
三、説明はわかりやすいか
四、説明時、その人の目はどこを見ているか
五　言葉遣いはどうか

以上のようなことを念頭に置きながら話を聞く。また、サムちゃん自身が説明員ならどうするか？　と考えてみるのも面白い。さらに、

六、展示してある商品の並べ方
七、照明の仕方
八、壁のパネルやカタログの出来映え

も見てみよう。

サムちゃんも気がつくと思うけれど、不思議なことに、商品の展示の仕方や照明の方法などと、説明員の説明が深く関係していることがわかる。

見やすい展示をし、わかりやすいパネルの所では、説明員もわかりやすく丁寧な説明をする。こういう会社は業績も良いに違いない。

展示会に限らず、業績の良い所は、皆さん身なりもきちんとされているし、事務所も何となく片づいて見える。面白いものだなあ。

儲かっていない会社は、時計が狂っていたり、期限切れの掲示が廊下に貼ってあるままだったり、暦が先月のままだったりする。

業績が良いからきちんとしているのか、きちんとしているから業績が良いのか……？　間違いなく後者。なぜなら、時計も掲示板も暦も、社員の誰もが目にする所にある訳で、違っていると気づいたら直すことが当たり前。仕事も同じ。だから当然、業績も良い。

ところが、業績の上がらない会社は誰も直さない。誰かがするさ……。これでは業績が良くなる訳がない。こういうことは世界共通だと思う。

（3）説明員に名刺をもらう

展示会で名刺をもらおう。十枚と言いたいところだけれど、最低三枚はもらってくる。でも、ただもらうだけでは駄目。なぜ名刺が欲しいか、ちゃんと相手が納得する説明をしたり、説明員がどこから派遣されているのか質問をしたり、若い説明員だったら「入社何年目ですか？」などと聞いたり、出身地を聞いてみたり……、一言で言うと、相手と会話をして名刺をもらう。工場から「説明員として行ってこい」と言われて派遣され、不安なまま立っている説明員もいるよ。

名刺をいただいたら、次に何をするかわかっているだろ？　日付、天気、今聞いた話、感じたことを名刺にメモする。

さて次は、サムちゃんと似た業種の展示会へ行き、同じことをしてみる。

今度は初めてではないから、名刺は五枚もらってくることにしよう。そして少し仕事感覚で、「一度お邪魔していいですか？」「近くへ行った時に寄らせていただきますよ」などと言ってみよう。まず断られることはないから、実際に訪ねていく段取りをしておこう。行けばコーヒーくらい飲ませてもらえるかも知れない。

さあ、これで少しは恐怖心が少なくなったと思う。何しろ、

一、ネクタイをビシッと締めて初対面の人と話をし

二、展示場の様子を観察して雰囲気を掴《つか》み

三、説明員に名刺をいただいて

四、メモもしたのだから

(4) 訪ねる前に

説明員に「一度伺います」と言ったら、実際に行ってみる。いきなり行っても駄目だ。説明員は展示会でたくさんの人に会ったからサムちゃんのことなど覚えていないし、アポイントを取ってから行かないと、本人がいるかどうかわからない。出張して

いるかも知れないからね。

　行った時に会えなかったら、練習の意味がない。それに、いきなり行って会えたとしても、「どなたでしたっけ?」「どういったご用件ですか?」なんて言われたら話しにくい。だから、アポイントが必要だ。アポイントを取るのと同時に、サムちゃんのことを思い出してもらいたい。思い出していただくのが無理だったとしても、そういえば展示会で会ったかな?　という程度にはなっておいてもらいたい。

　電話は手軽だけれど、サムちゃんの声は相手の記憶にないはずだから、FAXやメールでアポイントを取る。そこで少し工夫をする。FAXならば、こんなのはどうだろう。

　会社の用紙に自分の名刺を印刷して（コピーがあるから簡単）、自分用の書簡用紙を作っておき、宛先には展示会でいただいた相手の名刺を利用する。名前のあとに「様」を付けるのを忘れるなよ。

　こうすれば、より記憶をたどっていただきやすいのではないかと思う。受け取った相手は自分の名刺がそのまま使われているから、確かに会った証拠になる。サムちゃんの名刺も一度は手にしているから、会った人だな、と名刺を探して思い出してくれるかも知れない。くれないかも知れないけれど、文面も少し工夫する。

「御社を訪問いたしたく、ついては……」という通り一遍の文面では思い出していただけない。一寸例を書いてみようか。

次ページの例を読んでわかるように、コーヒーをダシ、小道具にしている。ダシは、展示会で名刺を交換する時に商品や仕事以外の話をしておかないとダシにならない。出来れば相手の記憶に残るような話をしておきたい。

ＦＡＸを入れたら、展示会でもらってきた訪問先のカタログや会社案内を見て予習する。予習をしておけば気持ちに余裕が出来る。質問することも二つ、三つ考え、用意して出かける。二つ、三つ考えていくと、相手の話に合った質問が出来る。当然のことだが、予習をしているから頭の準備運動が出来ている。ぶっつけ本番ではうまくいかない。

年　月　日

訪問先名刺

〇〇〇（株）
〇〇　〇〇　様

自分の名刺

（株）〇〇〇
サムちゃん

御社訪問について（依頼）

拝啓　貴社益々ご清栄の段とお喜び申し上げます。

　さて
首記の件、先に〇〇〇で開催された展示会でお会いしましたが、〇月〇日、御社の近くへ行く予定があり、ついでではは失礼かとは思いますが、一寸お邪魔したいと考えています。〇時頃になると思いますが、ご都合いかがでしょうか。

　〇〇の件につき、展示会でお話を伺いましたが、もう少し詳しく教えていただけないでしょうか。

　と言うのは口実で、会場で、ご貴殿を訪ねていけばお茶かコーヒーをご馳走してくださるということでしたので。砂糖ありミルクなしでお願いします。

　冗談はさておき、ご都合、下記へご連絡いただければ幸いです。

TEL 00 － 000 － 0000
FAX 00 － 000 － 0000

敬具

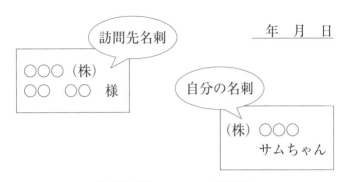

（５）最初の訪問は〝聞くだけ〟

話を聞きに行く訳だから、聞くだけでいい。帰り際にサムちゃんの会社案内を置いてくる。「お暇の時にでも見ておいて下さい。あとはお捨てになっても……」と。この時は下手な売り込みは絶対にしてはならない。相手の話を聞くだけにすること。「お話を聞かせて下さい」という口実でお邪魔しているのに、自分の宣伝をペラペラするのは愚かなこと。一度に出来ることは、その時にした方が効率がいい、交通費も助かる、などとヘタな効率論を持ち出さないこと。

聞き役に徹して、相手が話しやすいようにする。サムちゃんはどんな相手だと話しやすい？ 初対面の人には話しにくいだろ。この人、どんな人だろう？ 何をしている人だろう？ と思うだろ。だから訪問する前に簡単な自己紹介のＦＡＸやメールを入れておくと、

「そうか、あの時コーヒーを飲ませろと言っていた人だ」

「へえ、九州出身か、俺と同じじゃないか」

「趣味はゴルフだと？　偉そうに、いくつで回るんだ？」

こんなことを思っていただけるかも知れない。会っていただく前に相手の不安を少しでも解消しておこう。というより、忙しい相手に時間を割いていただく訳だから、このようなことをしておくのは礼儀だ。

自分の会社の話をしたければ、日を改めてすればいい。

「今日はお忙しいところ、お話を聞かせていただき、ありがとうございました（今度は俺の方の話で来るから、その時はちゃんと聞いてね、バイバイ）」

上司には適当に報告。報告より大事なことは、今訪問した所のメモをすること。

（6）恐怖心を和らげるには

名刺をいただいた所へ伺い、話を聞いて、少しは気が楽になったかな？　でも、話を聞いているばかりでは仕方ない。今度はこっちが商品の話をしなきゃ、少し楽になったと言っても恐怖心は取れない。

自分の商品を知らないでは話にならないし、どこから聞かれても大丈夫なように一生懸命覚えるのは必要なことだけれど、恐怖心を和らげるにはあまり役に立たないみたいだ。

恐怖心を和らげるには、知らない所へ出かけ、話を聞く経験をする方がいい。相手の説明を聞いていると、嫌でも自分の商品について、

「そういうふうに説明をすればいいのか」

「こういうことも覚えておかないといけないな」

「なるほど、そのたとえ話はいただき！　俺も使える」

というようなことに気づき、自分でも驚くほど早く覚える。当たり前だよね、頭で覚えるのではなく身体で覚える訳だから。

じゃあ、身体で覚えると恐怖心がなくなるか、というとそうでもない。頭で覚えるよりはいい、という程度。恐怖心はベテランの営業マンにもついて回る。もっとも、ベテラン営業マンと我ら素人の駆け出しとでは、恐怖の種類や程度が違うけれど。

では、どうするか？

「突然『では、どうするか？』と言われても、俺は営業の素人、わからないよ」

　そんなことは百も承知だ。

「俺は営業は駆け出しだけど、総務のベテラン。相手は素人」と、サムちゃんの場合は考えたらどうだろう。「君、総務のことなど知らないだろう？」こういう気持ちを持つ。あるいはサムちゃんの商品について相手は何も知らない素人だと考える。当然だよね、こっちは予習をしていってるから、相手より玄人であることは間違いない。

「そんなことを言われても俺は何も知らないのに！」と嘆くことはない。「俺のバックには知っている仲間がたくさんついているんだぞ！」と思うこと。仲間の脳味噌は全部自分のものだと思えばいい。わからない時は、いつでも知識や知恵を引き出せる便利な引き出しという訳だ。一寸極端かな。

　実際に、サムちゃんは電気のことはわからなくても、電気のプロは周りにたくさんいるだろう？　設計についても法律についても同じ。即答出来なければ、

「一寸時間を下さい、検討して回答します」

と、次回訪問のチャンスにつながる。

前にも書いたけれど、このような場合、答がわかってから連絡をするのが基本だが、検討期間が一週間以上かかる場合は、その旨を連絡して、回答出来る時期を伝える。検討したがそれでもわからない場合は、わからないと連絡する。連絡を怠ると、信用という大きなものを失いかねない。答えられなくとも、真面目に検討している誠意は伝えておきたい。

「わからないことは聞く」というのも恐怖心を和らげる。わからないことは、恥ずかしがらずに何度でもわかるまで聞く。わからないままにしておくと、恐怖心はいつまでも残る。

こんなに何度も同じことを聞いたら馬鹿にされるんじゃないか、よくわからないけどわかったことにしよう……。こんな妥協をしては駄目。俺にわかるようにちゃんと説明せよ！　と考えたらどうだろう。厚かましいかな？

「今日はなんとかごまかしたけれど（本当かな？　相手はごまかされてくれたんじゃないかな？）、次に伺った時に、またあの話が出たらどうしよう……」

こうなったら、訪問すると考えただけで怖くなり、足が遠のいてしまい、次に訪問すれば契約してもらえたかも知れないのに残念だ。わからないことはわからないと言うのが自然。自然を敵に回したら勝ち目はない。

今のサムちゃんに出来る訳はないが、ベテラン営業マンは、話を自分の土俵に持ち込んで恐怖心を和らげる。小父さんなら、相手が営業の人なら技術的な話に持ち込んで話を進める。逆に相手が技術の人なら、営業的な話で、「お客さま、これは○○円くらいかかるのが世の中の常識ですよ」なんて言ってみる。

優秀なベテラン営業マンも、恐怖心を持ちながらお客さまの所を訪問している。それぞれが工夫して、恐怖心、怖さを克服しようとしている。駆け出しのサムちゃんが怖いと思うのは当たり前だ。怖いのは当たり前！　と開き直ってみるのもいいかも知れない。

(7) それでも怖い！　永久について回る怖さとは

相手がわからない怖さ。

このお客さまは信用出来るのか？

この人にはどこまで話していいのか？

値切るのではないか？

ちゃんと支払ってくれるのか？

契約後に仕様を変えろと言ってくるのではないか？

納入後にやたらクレームを言い立てないか？

営業をやっている限り、こうした怖さは消えない。

これは一度や二度、商売をさせていただいたくらいでは消えない。三度あるいは四度とお付き合いを繰り返し、やっとそのお客さまに対してだけ、怖さが消える。この怖さを感じるようになったら、サムちゃんも一人前の営業マン。

この怖さはどんな職業にもある。設計図は出来たけれど、この通りに出来るだろうか？　思った通りの性能を発揮するだろうか？　お客さまの所で壊れないだろうか？　この機械でお客さまが怪我をすることはないだろうか？　この機械が動かず、生産ラインが停止したら大変なことになる！　この手形は、ちゃんと期日に落とせるだろうか？　……などなど。

サムちゃんも総務部厚生係の頃、例えば寮の改装を担当した時などに、社員の皆が気に入ってくれるだろうか？　苦情が出ないだろうか？　なんて思ったことがあるだろう。

でも、改装の仕事を初めて担当した時は、予想通りの費用で決められた期限までに完成したら大喜び、とても苦情のことまで考えが及ばなかったんじゃないかと思う。あれこれ考え、怖さを感じるようになってはじめて、厚生係のプロ。営業もこれと同じだ。

第九章　実行したら次に

さて、半年が過ぎたけれど、サムちゃん、少しは慣れたか？　この半年でさまざまなお客さまと会っただろ。

（1）会ったお客さまを整理する

一、すぐにも契約出来そう
二、もう一押し
三、どうかなぁ、何とも言えないな

四、断られたけれど、もう一度訪問してみよう

こういった整理・分類の仕方や、「見込み客」とか「確度の高いお客」とか、それぞれの相手に対して今何をすべきか、などということは、営業のプロが書いた本を買ってきて読むとか、職場の先輩に教えてもらうとかする。

経験六ヵ月のサムちゃんに、確度はどうだ、と言ったところで的確な判断は出来ないだろう。上司に対しては、こういう分類での報告が必要だろうけれど、悩みながらなんとか適当に報告するさ。

適当だけでは何年経っても適当でいい加減なことしか出来ないけれど、同じ適当でも悩みながらやれば、やがてわかるようになる。心配するな！

(2) 自分流の分類をする

契約出来るかどうか、もう一押しかという判断は、たとえ先輩に相談しても難しい。

そこで、自分流の分類をしてみる。

〝自分流〟とは、自分に出来る分類。だからどういうやり方でもいい。例えば、
一、話しやすかった人
二、普通
三、話しにくかった人
あるいは、
一、好きなタイプ
二、普通
三、嫌いなタイプ
こういう分け方なら、営業の素人でも出来る。好き、嫌いというような二つの分類ではなく、最低三つ、多くても五つまでがいい。二つは簡単すぎるし、五つ以上だとどこに分類しようかと迷う。迷うようなことをする必要はない。

頭の中で分類するのではなく、紙に書くのがポイント。頭の中で整理すると、使うのは頭だけだ。紙に書くと、手を使うし目も使う、書いたものを見て何かを思い出す。自分の持っているもの、出来るだけ身体全部を使いたい。

（3）次に考えることは

自分流に分類したら、次にこう考える。
一、なぜ話しやすかったのか
二、なぜ話しにくかったのか
三、なぜ話を聞いていただけたのか
四、なぜ話を聞いていただけなかったのか
相手が忙しい時間に訪問したから話を聞いていただけなかったのかも知れないし、たまたま退屈しているところへ訪ねたから聞いてくれただけかも知れない。あまり深刻に考えることはないが、訪問した時のことを手帳のメモなどを見て思い出し、なぜだろう？　と考える。

せっかく話がうまくいきかけたのに、奥さんが出てきてすっかり調子が狂ってしまった、という場合もあるだろうし、最初に訪問した時は聞いてもらえなかったのに、次に行った時はいろいろ質問されてまいったなぁとか、知り合いにうちの評判を聞いて勉強していたらしいとか、お主なかなかやるな……みたいなこともあると思う。

（4）自分専用『お客さまとの問答集』

こうして考えていると、訪問した時に相手から言われたことを思い出す。それを書いてみる。言われたこと全部ではないよ、全部書くなど、そんな大変な作業をする必要はない。十項目くらいで充分だ。

重要な質問事項とか、聞かれた回数や重み付けにはこだわらず、思い出すままに書き出す。大事なことから書く方がいいと思うだろ？　心配しなくてもいい。人間の頭は、どうでもいい些細《ささい》なことから思い出すということはない。普通は大事なことから先に思い出すように出来ている。自然に重み付けが出来ている自分の頭を信用すれば大丈夫。

ただし、順序正しく思い出す訳ではなく、三つや四つ同時に頭に浮かぶものだ。

「ああ、それからこういうことも言われたなぁ。こんなことも質問された。そうそう、これもあったけ」と、こんな具合のはずだ。

注意することは、自分勝手に選別しないこと。自分の主観を入れると、どうしても自分の商品の特徴や他社との比較などに内容が片寄る。

実際にお客さまが言われることは、「何しに来たの?」「そんなこと興味ないよ」なんていうことだ。言われたことをそのままの言葉で書いて、そのお客さまの言葉にサムちゃんが何と言ったかをそれぞれ思い出し、あの時にはこう言ったけれど、今ならこう答えるのに、という答を書いていく。そうすると、自分専用の『お客さまとの問答集』が出来る。

この問答集は、ある程度営業を経験した今の時期に、経験した事例を元に、自分で作るのが一番いい。そんなちゃんとしたものは作れない、などと言うなかれ。立派なものを作って商売しようとか、社内で発表しようというのではない。自分専用だ。自分がわかればそれでいい。

ここまで出来たら、回答をきちんと覚える。いつどこで聞かれても同じ返事が出来るように、何度も練習する。難しいことではない。やってみればわかるけれど、自分の経験を元に自分の手で作ったものだから、いつの間にか覚えている。それを、出来れば鏡の前で、自分の表情を見ながら話す練習をする。

「なるほど、俺はこんな表情で話してるのか……。もう一寸笑顔にした方がいいかな？　……う〜ん、何となく硬いな。柔らかく……こんなもんかな？」

なんてね。やってみたら出来るだろう。俳優の才能も持っているかも知れないと思えば楽しい。

次に、奥さんや家族に質問者になってもらって、実際にやってみよう。また、自分が質問者にもなってみる。奥さん、家族という人間を相手にすると、表情以外に身振り手振りが自然に出てくるよ。鏡が相手では出来ないことが、自然に出来るようになるから面白い。奥さん、家族に、「もう一寸真面目にやってよ」なんていう感情まで出てくる。

でも、あまり真面目にやると疲れるから、子供の頃の学芸会の練習くらいの気持ちでやる。奥さんや家族と、食後にゲームでもするように、楽しみながらやることだ。

さて、サムちゃんは奥さんに相手をしてもらえるかな？

（5）ゲームの効用

このゲームでしっかり訓練しておくと、何を言われても平気、という自信がつく。

そして実際に訪問してみると、相手の言うことはサムちゃんが選んだ十項目の中からの質問がほとんどだ、ということに気づくはず。これは不思議でも何でもない。この十項目は頭で考えたことではなく、現実にお客さまから言われたことだからだ。

人間というのは、サムちゃんの訪問に対して、誰もが同じような感情を持ったり考え方をするらしい。忙しい最中に伺えば「この忙しい時に何だ！」という反応をするし、興味を持てば「へえー、どういう商品なの？」という反応をする。

このゲームで自信がつくのは、サムちゃんが自分で十項目を選定して回答も用意し、繰り返し練習する中で、夢中で過ごした六ヵ月の経験を整理して身体全体で復習して、頭の中の整理整頓が出来たからにほかならない。頭がスッキリすると、応用問題も解きやすい。

それでも困ることは再三あると思うが、「大変困る」ということはなくなる……とは言わないが、大幅に減ることは保証出来る。

(6) 一年経ったら

お客さまを分類する。それは前にやったよね。そう、あの方法で今度は、成約成功事例を分類して考える。

「成功事例？　失敗事例じゃなくて？　なぜ成約出来なかったのかを考えて、その対策をとることが次の成功につながるんじゃないの？」

うん、確かに失敗を成功へつなげるのも必要だけれど、失敗を思い出すより、成功事例を思い出す方が楽しいからね。だから成約成功事例について考える。

なぜ成約出来たのか。商談から思い出すのではなく、最初の最初から、訪問以前からのことを思い出してメモしてみる。

一、誰かの紹介で伺ったのか

二、自分で勝手に押しかけたのか

三、訪問前に相手を調べたか
四、何を調べたか
五、調べ方はどうだったたか
六、伺った日の気候は？　爽やかな日だったたか、蒸し暑い日だったたか
商談そのものを取り巻く環境を、いろいろな面からメモしてみる。書類ではなくメモだから、さあ作ろうという姿勢ではなく、「おお、そうだ」と気がついたことをその都度、手帳にメモする。今はスマホに入れておく方が楽なのかな？

そうしていろいろな面から検討し、考えた結果……と言いたいところだけれど、出来たメモを眺めて、

「フムフム、やはり俺のやり方でよかったんだ」

「この次は、あそこを一寸修正して、基本的には同じやり方でやろう」

などと楽しめばいい。楽しくやって自信をつけよう。

失敗事例は、サムちゃんは駆け出しだから今はしなくていい。いずれ、やればいいことだ。

第十章　自分の殻を破る

サムちゃん、電話をありがとう。声の様子から想像すると、調子がいいらしいな。元気のいい声を聞くと、こっちも元気が出るよ。

（1）殻は自分で作り、そうして破るもの

声の調子もいいけれど、サムちゃんの話が面白かった。聞いていて、「それからどうしたの？　へぇ、そんなことがあったの」と、大成功の話ばかりではなくて失敗談まで楽しかったよ。

サムちゃんは以前、「俺は話下手だし営業に向いてない」と言っていたけれど、営業に向いていると思うよ。あれだけ明るく話せたら立派なものだ。自分で気がつかないうちに、「自分は総務のプロ、総務のような仕事に向いている」と思い込み、いつの間にか自分で総務という殻を作って、その殻の中に閉じこもっていたんじゃないのかな。

誰でも同じだけれど、殻を作るというか、殻が出来てだんだん硬くなる。自分でもこれが向いていると思い、これが専門と思い始める頃には、周りの人も「あの人の専門はこれ」と思い始める。

その日暮らし、いい加減、適当に泳いでいると、たとえ二十年同じ仕事をしていても殻は出来ないけどね。

もちろん、専門・プロフェッショナルという殻は出来た方がいいに決まってる。そうして、時にはこんなことを言う。「それは俺の専門じゃないよ」と。

専門以外はわからなくて当然、という具合。

サムちゃんも一度くらい、「それは総務の仕事じゃないよ、営業の仕事だろ」なんて言った覚えがあるだろ？　外の風は冷たいから、殻に閉じこもっていた方が楽なことは確かだ。

専門とかプロフェッショナルとは何だろう？　考えてみると、学校を卒業し、今の会社へ入社し、たまたま総務に配属され、それからずっと総務関係の仕事に携わり、総務関係の知識が付き、知識を知恵に出来るようになった。その結果、いつの間にか総務の殻ができ、殻に支配されていた、という次第。もとを正せば、「たまたま総務に配属された」という偶然に過ぎない。

最初の担当が営業だった場合、ある日突然、総務をやれと言われたらどうだろう？やはり戸惑い、途方に暮れるに違いない。

本来、人は誰でもたくさんの能力を持っているんだな。サムちゃんも小父さんも。サムちゃんの話が面白かったのは、総務関係の仕事しか出来ないと思い込んでいたのに、やってみたら、

「おや？　俺にもこんなことが出来たんだ。やれば出来るじゃないか。俺には営業の才能もあるのかも知れない」

と、知らず知らずのうちに自分の殻を破ったからなんじゃないかな？　だから話が面白かったんだと思う。

早いこと営業の殻を作ってくれ。ただし、営業の殻に支配はされるなよ。

（2）営業とは何だろう？

さて、これからサムちゃんが殻を作る営業とは何だろう？

「営業とは、売ること。営業が売らなきゃ会社は潰れる」

と言う人もいるかも知れないけれど、待てよ、一寸違うんじゃないか？

営業とは、必要としている人に必要な物（もちろん物だけではないけれど）を届けること。世の中にこんな物があることさえ知らないお客さまに、こんなに良い物がありますよ、と教えること。あるいは、お客さまのお話をじっくり聞くこと。サムちゃんも、相手が心からじっくり自分の話を聞いてくれたら嬉しいし、心地よい満足感を味わったことがあるだろ？　お客さまに満足感を味わっていただくことだ。また、

「何かを買う」という表現じゃなくて「ショッピング」と言えば楽しい雰囲気になるし、実際に楽しい。お客さまが楽しむ手助けをすることも営業だ。

その他いろいろあるけれど、営業とは本来そういうものではないかと思う。弁舌爽やかだけでは務まらない。サムちゃんに会えてよかった、もっと早く知り合っていたらなあ……と思っていただければ、自称口下手のサムちゃんも充分以上に務まる。

「今の世の中はどこの製品も似たようなものだから、どこの会社のものを買ってもいいんだけど、買うならサムちゃんからがいいな」

こう思っていただくには、人間として大事なことの全てが力を発揮する。だから、営業経験がないと嘆くことはない。

人間として大事なことの全て、などと言われてびっくり仰天しなくても大丈夫だ。挨拶をきちんとする、約束や時間を守る、相手の話に耳を傾ける、相手の身になって考える、ごめんなさいと素直に謝る、ありがとうと感謝する――人間として大事なこととは、このようなことではないかと思う。サムちゃんがこれまでずっとしてきたことだよ。

（3）世界は広くて面白い

営業の殻が出来るには、もう少し時間が必要だと思うけれど、殻が出来る前に、世界が拡がる。

今までサムちゃんが付き合っていたのは、会社の中か会社と関係のある人たちが主体だろ。いわゆるカラーに染まった人、考え方も同じような、一言で言うと「仲間」。

お客さまはカラーに染まっていないし、考え方も皆違って千差万別。その世界を、お客さまを通して見せていただいている訳で、「そんな考え方をするのか」「こんな世界があるのか」と、今まで過ごしてきたのとは違う世界がたくさんあることがわかる。殻の外は少しばかり風当たりは強いけれど、世界は広くて面白いよ。

急がなくても、慌てなくとも、面白い世界は逃げていかない、待っていてくれる。自分の出来ることを自分の出来る範囲でやればいい。逃げ出したくなったら、逃げ出したいなぁ……と思えばいいのさ。時には、何が何でもやらねばならぬ！　ということもあるかも知れないが、それはそれ、これはこれ。自分を追いつめるだけが能じゃない。
そうすれば、面白い世界が向こうから近づいてくる。
また楽しい話を聞かせてもらえることを楽しみにしているよ。

あとがき

サラリーマンには配置転換、転勤、出向、リストラなど、社内情勢や世の中の状況によってさまざまなことが起こる。中でも、この道一筋のベテラン社員が自分の希望に反して異業種へ異動させられ、経験したことのない仕事をする場合、皆がとは言わないが、「なぜ俺が？」「あいつに出された」あるいは「使うだけ使いやがって！」という感情に囚われがちである。

ついこの前までバリバリ仕事をしていた人が、仕事をせず、と言うより新しい環境に適応出来ず、過去を振り返り、あるいは今まで自分が大事な仕事と思い一生懸命してきたことは何だったのか、と疑問を持ち、鬱々《うつうつ》と過ごすか、その裏返しの元気を出して新しい職場を引っ掻き回し、あっという間に浮き上がってしまうか……。

いずれにせよ、新しい環境への懼《おそ》れと不安、戸惑いから、本来の力を発揮出来ずにいるのは、新しい職場にとっては大きな損失であり、何よりご本人とご家族にとって不幸なことである。

いい意味で開き直り、「俺はピカピカの新入社員。さあ、何でも覚えるぞ！」の心意気と、これまで長年培ってきた経験と誇りを大事にして、異業種とはいえ、専門知識と人脈を生かし、新たな出発をしていただきたい。


開発設計三十年の私が、初の出向で畑違いの「技術営業」をすることになった。異業種のお客さまに対して暗中模索の中、まず出来ることからやってみようというスタンスでスタートし、次第に初対面の人ともスムーズにお話が出来るようになった。

今、同じように総務から異分野の営業に転じて、「陸に上がった河童」同然になっているサムちゃんへのアドバイスとしては、営業のプロフェッショナルが書いたハウツーものよりも、むしろ異業種で右往左往した私の試行錯誤記の方が参考になるのではないかと思い、その経験を記した。

最後に、本書出版に際し協力して頂いた文芸社の皆さん、河童の絵を描いてくれた五十年来の友、石川　楚さん、ありがとうございました。

装画・挿画　石川　楚

著者プロフィール

矢野 武久（やの たけひさ）

1939年生まれ。大分県速見郡日出町出身。別府湾岸の温暖な気候の城下町。
熊本大学工学部機械工学科卒。(株)コマツで建設機械開発設計に従事。
その後、関連会社および日本濾過器(株)への出向を経て、(株)日刊新民報社論説委員を務める。
趣味は読書。歴史、推理、経済、戦記等ジャンルを問わず。日本将棋連盟三段。
著書『トンボが翔んだ……福祉車誕生記』（近代文藝社）
車椅子で乗車、手だけで運転できる福祉車の開発と人との出会いの記。
『河童になったビジネスマン、営業へ行く』（新風舎）
機械設計一筋の筆者が未経験の営業へ。世界が広がった面白さを記した。
『あなた・こなたのおかげで　今、生きている』（近代文藝社）
技術者として定年退職後、論説委員として寄稿したエッセイ集。
『楽しいウソは笑顔を創《つく》る』（文芸社）
他愛のない嘘つきエピソードが満載。笑って、呆れて、楽しめるエッセイ。

やれば出来る……かも知れない

2020年５月15日　初版第１刷発行

著　者　矢野 武久
発行者　瓜谷 綱延
発行所　株式会社文芸社
〒160-0022　東京都新宿区新宿1－10－1
電話　03-5369-3060（代表）
03-5369-2299（販売）

印刷所　株式会社フクイン

ISBN978-4-286-21452-8